余映潮初中语文
创新教学设计40篇

余映潮 / 著

中国人民大学出版社
· 北京 ·

图书在版编目（CIP）数据

余映潮初中语文创新教学设计 40 篇 / 余映潮著 . --
北京：中国人民大学出版社，2021.8
ISBN 978-7-300-29724-8

Ⅰ. ① 余… Ⅱ. ① 余… Ⅲ. ① 中学语文课—教学研究
Ⅳ. ① G633.302

中国版本图书馆 CIP 数据核字（2021）第 160160 号

余映潮初中语文创新教学设计 40 篇
余映潮　著
Yu Yingchao Chuzhong Yuwen Chuangxin Jiaoxue Sheji 40 Pian

出版发行	中国人民大学出版社		
社　　址	北京中关村大街 31 号	**邮政编码**	100080
电　　话	010 － 62511242（总编室）		010 － 62511770（质管部）
	010 － 82501766（邮购部）		010 － 62514148（门市部）
	010 － 62515195（发行公司）		010 － 62515275（盗版举报）
网　　址	http://www.crup.com.cn		
经　　销	新华书店		
印　　刷	北京华宇信诺印刷有限公司		
规　　格	168 mm × 239 mm　16 开本	**版　　次**	2021 年 8 月第 1 版
印　　张	17　插页 1	**印　　次**	2021 年 8 月第 1 次印刷
字　　数	260 000	**定　　价**	68.00 元

目录

中编　文学作品创新教学设计

下编　文言诗文创新教学设计

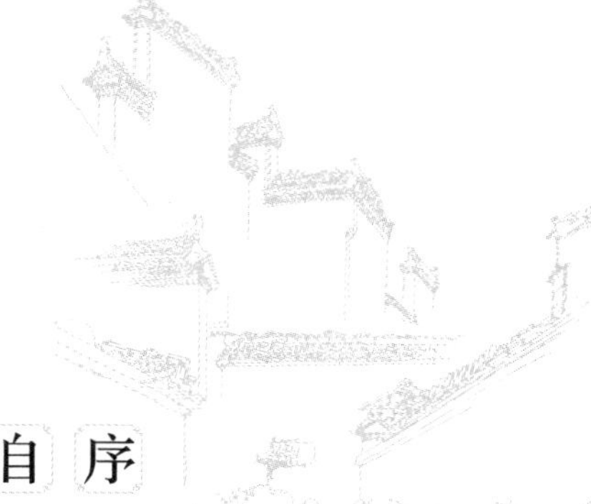

自 序

怎样进行教学设计创新

我在这本书中呈现给大家的，是统编初中语文教材中的 40 篇课文的阅读教学创新设计。其中的大多数篇目，我都亲自进行过课堂教学的实践。

本书内容大致分为实用文、文学作品、文言诗文三个部分，各个部分的课文篇目按汉语拼音音序的先后编排。

我的阅读教学设计十分关注课文研读的质量。我以为，能够读出课文的味道，是语文教师的第一基本功。没有精致的、深刻的课文研读，一定难以产生优质的课堂教学。

所以，这本书中所有篇目的教学设计或创意，都从我对课文的阅读欣赏（映潮品读）开始，课文欣赏短文是我的每一篇阅读教学设计的重要内容。它们是有源之水，是有本之木，是重要的教学资源与教学内容。运用这种体例来表现阅读教学设计，本身就是一种难度，也是一种创新。

我的教学设计追求创意新颖实用，角度独特精美，思路清晰简明；追求充分利用课文，优化教材处理，深入课文文本；追求学生活动充分，课堂积累丰富，能力训练为先。我力求让教学创新设计在实用的基础上有生动的变化，在这 40 篇设计中，有的课细笔描画，详写一种创意；有的课简笔白描，介绍几种设想，以尽可能多地展现教学设计不同的角度与不同的表达形式。

那么，创新的阅读教学设计，应该从哪些方面表现创新的理念与手法呢？我以为，值得重点关注的是以下内容。

一、教学思路的创新设计

所谓“教学思路”，是指教师在设计课堂教学时所规划的、所要实施的教学流程。它或明或暗地被划分成若干个教学步骤，以便在课堂上有序地向前推进。

为了让课堂教学的步骤明朗起来、清晰起来，可尝试以下几种创新设计。

1. 从“思路清晰”的角度进行创新

如《伊索寓言》中《蚊子和狮子》的教学设计：

能力训练一：情节分析。
能力训练二：语言赏析。
能力训练三：寓意解析。

这个微型教例的教学思路表现在哪里？表现在三次训练上。教师每一次训练都组织一次学生的品读活动，三次训练既彼此并列，又有一定的从易到难的层进关系。教学过程由于这几次训练而被切分成几个教学板块，让人明显地感觉到教师引导着学生在一步一步地向前走，整篇文章的教学显现了明晰可见的思路。

2. 从“重点突出”的角度进行创新

如蒲松龄《狼》（第一课时）的教学设计，其教学的主体内容就品析得相当精彩：

一读，从“屠户”的角度理解课文的脉络。
二读，从“狼”的角度理解课文的脉络。
三读，从“故事情节”的角度理解课文的脉络。
四读，从“叙议结合”的角度理解课文的脉络。
五读，从“段内层次”的角度理解课文的脉络。

这个教例表现出思路清晰的特点，“五读”对教学内容与教学时间都进行了切分。这个教例又表现出重点突出的特点，教师将教学视点集中在课文的脉络上，运用多角度反复的方式引导学生从不同角度理解课文内容，不仅使课堂教学不断出现新的兴奋点，而且对学生进行了学法熏陶。学生一定会感受到：课文原来可以这样来读哇。

3. 从“线条简洁”的角度进行创新

如史铁生《秋天的怀念》的教学思路：

美美地听读。
美美地朗读。
美美地欣赏。
美美地微写。

这里的教学设计思路明晰、线条简洁、创意鲜明，表现出有质量的理性思考。全课的教学从教学理念来看，成功地组织了学生的语文实践活动；从教学过程来看，显得生动又自然；从教学方案外在的形态来看，表现出一种建筑之美；从教学方案内在的结构来看，表现出一种彼此承接、渐入佳境的层次之美。

4. 从“情境生动”的角度进行创新

如郭沫若《天上的街市》的创新设计：

读背训练：体味音乐美。
动笔训练：描绘图画美。
欣赏训练：品析语言美。

这个教例思路清晰，让学生徜徉在美好的教学情境之中，进行审美的学习活动。学生在优雅的教学情景及浓郁的诗意氛围中进行灵动的、多种感官并用的语文学习活动，从而让教学过程清新明朗、情味浓郁、别具一格。

5. 从“教材处理”的角度进行创新

如莫顿·亨特《走一步，再走一步》的教学创意：

自读训练一：概说故事，理解一篇。
自读训练二：探究规律，发现写法。
自读训练三：语言积累，背诵一段。

这个教学创意在教材处理上表现出“一篇”“一法”“一段”的逻辑层次，在课文的使用上关注了自读课文的教学特点。训练一从整体上引导学生理解课文内容，训练二指导学生探究本文在描写人物心理活动方面的特别技法，训练三请学生课中背诵课文的最后一段。这是一种十分美妙的“大”“中”“小”的教学结构，可以用于不少课文的有一定变化的创新教学设计，如《春》《济南的冬天》《雨的四季》《纪念白求恩》《壶口瀑布》等。

二、课堂活动的创新设计

《义务教育语文课程标准：2011 年版》中有一句非常重要的话：“应该让学生更多地直接接触语文材料，在大量的语文实践中掌握运用语文的规律”。

这是点出了语文课堂教学改革关键的一句话。要做到让学生有“大量的语文实践”的机会，就必须进行课堂活动设计方面的创新研究。

课堂活动，指的是在教师的指导下，学生在课堂上进行的形式和内容丰富的学习语言、习得技巧、发展智能、训练思维的语文实践活动。

课堂活动，在很大程度上，是将教师在课堂上要做的事，化解为具体的操作步骤，让学生去试做、去进行、去完成。可以说，充分的学生课堂活动，是高层次的教学境界，是语文教师近乎全部教学艺术的集中体现。

课堂活动的创新设计有多种多样的角度，关键在于教师的精心揣摩和认真实践。如下面的一些形式，都是别出心裁且非常实用的。

1. 分层推进式朗读

一般的课堂朗读就是齐声朗读、个别朗读、角色朗读，教师指导的层面主要是让学生“读出声”，很少指导学生对文本进行反复体味。下面《卖油翁》的朗读设计却不一样：

(1) 请同学们读得顺畅，读出课文中的故事味。
(2) 请同学们读得生动，读出故事中人物的语气。
(3) 请同学们读得准确，读清句子结构，读清句子的重音。
(4) 我们一齐来像讲故事一样地朗读、背诵课文。

这是一个很细节化的朗读环节的教学设计，它不仅仅是有序地推进，也不仅仅是训练角度的变化，重要的是它从第一步起就切入作品的表达特点，将学生引入情节生动、意味深长的故事之中。

2. 微型话题式品读

微型话题，是教师研读课文之后提炼出来的引领学生自主合作地进行课文研读的小话题。每一个话题都是一个“抓手”，都能让学生深深地进入文本，都要求学生在理解课文的基础上进行创造性的“再表达”。如自读课文《刘姥姥进大观园》的课中微型话题设计：

请同学们自选话题，写作微文，发表见解：
(1) 课文内容简介。
(2) 简说“刘姥姥”。
(3) 阐释课文的情节顺序。
(4) 品析课文中的“铺垫”手法。
(5) 品析课文中的“照应”笔法。
(6) 品味语言、动作描写的表现力。
(7) 故事中的“喜剧效果”赏析。
(8)“笑”的描写品析。
(9) 初识《刘姥姥进大观园》的表达艺术。

由这些话题，我们可以想见课堂活动中学生的静读思考和表达见解时的生动热烈。

3. 妙点揣摩式欣赏

这样的课堂活动就是引导学生对课文进行美点寻踪，进行妙点揣摩，进行“妙要”列举。有时候，这种实践活动是完全自由的，学生可以从自己喜欢的角度发表见解；有时候，这种实践活动则有精粹的要求，在这种要求下，活动的成果会显得特别精致。如诸葛亮《诫子书》的教学创意设计：

先进行课文的厚重知识背景的铺垫，再展开以下课中活动：

（1）课文朗读，大量识记字词。

（2）课文朗读，译说课文文意。

（3）课文朗读，深情读背全文。

（4）课文背诵，进行妙点赏析。

引导学生对课文进行妙点赏析，就是训练学生品味、赏析课文中文学的美感。《诫子书》的这个教学创意，以“朗读”为线索，在层层推进的实践活动中对学生进行多角度的阅读能力训练，最后达到妙点赏析的深度与高度。

4. 拓展迁移式创编

这样的课堂活动是从课文出发，依托课文设计生动活泼的读写训练，将学生的课文学习引向更为深刻、更为广阔、更为自主的境界。如自读课文《土地的誓言》的教学细节，重在朗读训练与微写训练。在微写训练中，请学生从以下句子中任选一句作为中心意思，自拟标题，撷取组合课文文句，写一篇 100 字左右的微文：

（1）当我把手放在胸膛上的时候。

（2）当我躺在土地上的时候。

（3）当我仰望天上的星星的时候。

（4）当我回想起儿时的往事的时候。

（5）当我记起故乡的时候。

这样一个教学细节，能让所有的学生都怦然心动。

三、课中提问的创新设计

目前，提问过多是语文课堂教学中的最大问题之一。“提问”之“弊”明显地表现于课堂的有：“步步为营”的追问成为牵引着学生向“板书”靠近的阶梯；“提问群”成为帮助教师滔滔不绝讲析的桥梁；“碎问碎答”成为桎梏学生创造性思维的网络。

改变这种状况主要有两种方法：一是更多地设计学生的课堂实践活动，减少教师的课堂提问；二是设计“主问题”，组织高效的课堂阅读活动。

什么是“主问题”？通过下面的例子我们就能够了解。

《邹忌讽齐王纳谏》的教学进入课文理解阶段时，教师出示这样的安排：

请同学们细读课文，以“课文中的‘三’”为话题来交流课文阅读感受。

《邹忌讽齐王纳谏》的教学进入课文欣赏阶段时，教师出示这样的提问：

这篇课文中，有哪几个关键字词既推动着故事情节的发展，又表现了人物的特点？

这两个话题都把学生吸引到课文之中，学生需要对课文内容进行从头到尾的品析，然后表述自己的见解。在师生对话中，几乎将本课中所有有内在联系的知识板块和所有有重要表达作用的字词都进行了品读欣赏。

像这个教例中用“牵一发而动全身”的关键问题来带动整篇文章阅读的提问设计，我们称之为“主问题”设计。它是对教学中提问设计的一种创新。其重要特点如下：

（1）“主问题”是经过概括、提炼的，是一种具有整体性阅读要求的教学问题，“是”或“不是”之类的简单应答在它面前无能为力。

（2）“主问题”在教学中的出现是经过认真设计的，一节课中的几个重要的“主问题”，其出现的先后经过科学有序的安排。

（3）“主问题”的设计着眼于整体地带动对课文的理解品读，着眼于引导学生进行长时间的深层次的课堂学习活动，每一次提问或问题设置都能形成和支撑课堂上一个时间较长的教学活动。所以，“主问题”就是阅读教学中有质量的立意高远的课堂教学问题，在教学中具有“一问能抵许多问”的艺术效果。

在以“主问题”为线索的阅读教学中，由于一般性提问的“量”的大大减少，课堂活动以学生的读、写、说、思为主要内容，课堂气氛因此而变得生动活泼。可以说，“主问题”最大的意义就是能用精、少、实、活的提问或问题将学生深深地引进课文，激发学生研讨的热情，从而有效地开展课堂活动。

在“主问题”的设计上，我们要理性地关注如下内容：

（1）“主问题”要有利于课文的整体阅读教学。问题或提问的出现，要力求能引发学生对全篇文章的深入阅读和理解。如《狼》：“请以‘狡猾’与‘机智’为话题，谈谈你对《狼》的理解。”如《孔乙己》：“请围绕‘孔乙己’与‘酒’这个问题自读课文，说说自己的阅读所得。”

（2）“主问题”应有利于课堂语文实践活动的开展。问题或提问的出现，要力求做到让学生有较长时间的读写活动。如《苏州园林》：“请同学们选出文中的重要语句，形成全文的主要信息。”如《雨的四季》：“请以‘雨的自述’为题，将这篇美文改写成一篇300多字的小散文。”

（3）“主问题”应有利于学生独立阅读与分析能力的培养、训练。问题或提问的出现，要力求做到让阅读过程中的学生有充分的思考与对话交流。如《大自然的语言》：“活动一：请同学们研读课文，着眼于全篇，说明《大自然的语言》是非常有条理的、十分讲究说明顺序的说明文；活动二：请同学们再研读课文，完成研讨的话题，即第七、八、九、十段的顺序真的是完全正确的吗？”这两个问题，可以让学生深深思索一节课。

四、语言教学的创新设计

语言教学，是中学语文教学研究中最为基础的课题。

从日常教学看，语言教学最基础、最朴实的方法是诵读记背，最自然、最常用的方法是读写结合。语言教学的创新设计，从大多数语文教学实践来看，可以“读写结合”为最佳切入点。诸如成语接龙、美句摘抄、提纲罗列、内容概述、人物素描、仿写学用、补说续写、原文改写、想象创编、读后随感、写法实践、自由表达、信息整合、作品评论、活动记录、定向探究、理由论证等，都是常用的好方法。

但也有更为美妙的创意。

课文集美就是一种——通过学生创造性的劳动，含英咀华，将美好课文中更美的内容“浓缩”“聚合”，使学生在品评体味的同时，学习、积累语言的精华。

如宗璞《紫藤萝瀑布》的课文集美活动：

活动时间：安排在课文教学的后半部。

活动内容：学生分组活动，从课文中找句子，用集聚美句的方式创编一份课文背读材料。

下面就是这份很美的背读材料，它集中了课文中最美的句子，使之成为一篇微型美文：

从未见过开得这样盛的藤萝，只见一片辉煌的淡紫色，像一条瀑布，从空中垂下，不见其发端，也不见其终极。只是深深浅浅的紫，仿佛在流动，在欢笑，在不停地生长。紫色的大条幅上，泛着点点银光，就像迸溅的水花。

每一穗花都是上面的盛开，下面的待放。每一朵盛开的花就像是一个小小的张满了的帆，帆下带着尖底的舱。船舱鼓鼓的，又像一个忍俊不禁的笑容，就要绽开似的。

我只是伫立凝望，觉得这一条紫藤萝瀑布不只在我眼前，也在我心上缓缓流过：但是生命的长河是无止境的……

这里除了光彩，还有淡淡的芳香，香气似乎也是浅紫色的，梦幻一般轻轻地笼罩着我。

我抚摸了一下那小小的紫色的花舱，那里满装生命的酒酿，它张满了帆，在这闪光的花的河流上航行。

多向假设也是一种——就课文内容多次进行多方向的假设，构成课堂读写教学的主要内容，既让学生进行语言实践练习，又引导学生从更多的更为有趣的角度来理解文章内容。

如杨绛《老王》的多向假设式读写活动：

(1) 假如你向大家推荐《老王》，请写一篇课文简介。

(2) 假如你是作者的女儿，请描述你记忆中的“老王”。

(3) 假如你是“老王”同院的老李，请说说“老王”生命最后阶段的故事。

(4) 假如你在课文微型剧中扮演作者，请你就“愧怍”设计一段台词。

(5) 假如你是一位小小评论家，请你评说《老王》中的情味。

词句品析也是一种——在教师示范的前提下，学生或独立地或合作地对课文中的词句进行评点、赏析。这是高层次的精细的读写活动，给人一种极为美好的感觉。

如蒲松龄《狼》的词句品评活动的部分“成果”：

晚：特定的情境，说明当时已是路上无人，屠户处于无援境地。

缀行甚远：写出了狼紧跟人的时间之长，距离之远，写出了狼的险恶用心。

一屠、两狼：对比明显，写出了屠户身处险境。

投以骨：为故事的发展起了推动波澜的作用，也写出了屠户在想办法摆脱险境。

仍从：写狼的贪婪，得寸进尺，步步紧追。

后狼止而前狼又至：甩不掉狼，形势紧迫，使人感到屠户面临巨大危险。

并驱如故：表现狼懂得配合作战，屠户好像到了山穷水尽、无路可走的地步。

恐、顾、奔、倚、弛、持：一连串的动词传神地写出了屠户的心理、动作和神态。

眈眈相向：写出了狼眼光的凶残与贪婪，双方处于决一死战的相持阶段，气氛异常紧张，动人心魄。

…………

从教学形式看，以上几种方式融阅读、写作、思维训练于一体，学生的语言训练活动非常丰富。教材作为教学中的例子，不仅为学生的阅读理解提供了范本，同时也为学生的语言训练提供了创新阅读的源泉。

五、教学手法的创新设计

下面是杜甫《石壕吏》的教学设想：

（1）教师提供这首诗的背景资料。

（2）指导朗读吟诵。

（3）请学生对课文进行“艺术性改写”：可从“翻译古诗”的角度写，可从“章法赏析”的角度写，可从“层次分析”的角度写，可从“诗句赏析”的角度写，可从“唐诗素描”的角度写，可从“选点精读”的角度写，可从“诗人内心独白”的角度写，可从“表达技法”的角度写……

将这个设想变为教学过程，学生会有一点畅想，会有一点创造，会有一点情感的激动。文言诗文的课堂教学要改变那种单调、严肃的脸孔。这里面，教学手法的变化起了至关重要的作用——“讲析”手法变成了“创编”手法。

教学手法，就是教学的方法、手段、技巧，其内容非常丰富。从新课标理念下的开放式教学手法来看，就有——

话题式手法：用设置若干话题的方式引导学生进入文本，探究内容，表达感受。

说读式手法：用边读边说、读读说说、说说读读的方式来理解、品读课文。

学法式手法：以课文为学法实践的载体，训练一定的学习方法。

创编式手法：从读写结合的角度运用与处理课文，读中有写，写中要读。

联读式手法：从某篇诗文扩展开去，把若干具有相同因素的课内或课外的诗文联起来，或扩读，或比读，或专题研讨，或集中感受某位作者，或重点了解某种文化知识。

…………

以上教学设计手法的基本出发点，都是让学生在大量的语文实践中学

习运用语文的规律。离开这一点，就无所谓创新设计。

请看岑参《白雪歌送武判官归京》的教学设计：

1. 教学创意。用联读的手法组织教学。

2. 教学内容。品读《白雪歌送武判官归京》，联读欣赏《凉州词》《登鹳雀楼》《使至塞上》《出塞》等“边塞诗”。

3. 主要教学过程。

（1）听读王翰的《凉州词》，初步感受“边塞诗”的风格、韵味。

（2）介绍“边塞诗”的特点。

（3）进入联读欣赏。

①听、读王之涣的《登鹳雀楼》，感受视野的辽阔。

②听、读王之涣的《凉州词》，感受景物的荒寒。

③读、听王维的《使至塞上》，感受风光的奇丽。

④读、听王昌龄的《出塞》，感受征战的悲壮。

（4）进入岑参《白雪歌送武判官归京》的教学。诵读，品析，研讨，感受战友的情怀。

主问题：从这首诗的字里行间你体味到了什么？

提示：可以从整体的角度说诗的美妙之处，可以从诗句的角度品析其表达作用，可以从字词的角度揣摩其中的意味。你可以进行品味，也可以展开想象。

（5）再进入联读欣赏。再欣赏王翰的《凉州词》，读出奔放的情感，感受沙场的豪壮。

（6）教师进行课堂小结。

这样的课手法独特，宏阔大气，内容丰富，活动充分，情境动人。

六、教学细节的创新设计

教学细节，指的是教学中的细小环节以及其中的教学活动。课堂中的感知、朗读、提问、讨论、板书等具体环节也是细节。可以说，研究一节课的设计，主要是研究如何艺术地设计教学细节。

比如，设计“巧作铺垫”的细节——普希金《假如生活欺骗了你》

教学片段（简介课文与作者之后）。

教师引导，《假如生活欺骗了你》是什么样的小诗呢？让我们听听几位成年人对往事的回忆吧：

十四岁那年我读了《假如生活欺骗了你》，第一次读这首诗时我就知道，我不会忘了这首诗，它将成为我生活的一部分。

我十七岁时最喜欢的普希金诗句是："假如生活欺骗了你，不要悲伤，不要心急。"

这首诗，已陪我度过许多难过的时刻，我喜欢这首诗，它让我体会到许多人生的哲理。

这是第一首吸引我的诗，初中时读到的，很感动……我算是跟这首诗一起长大的吧。

在开讲课文之后，教师没有急着把学生引进课文，而是宕开一笔，插进一些"读后感"。这个细节能够立即调整学生的注意力，激发他们的学习欲望；更为巧妙的是它酝酿了课堂教学氛围，并为学生下一步的品析性发言预设了范例。

比如，设计"反复引领"的细节——《愚公移山》文意把握训练中的"说话"教学：

朗读课文之后，教师说："同学们，课文中有'平险'一词，请同学们或从'愚公与平险'，或从'智叟与平险'，或从'众人与平险'，或从'天神与平险'的角度详说'愚公移山'的故事。"

这是一个高屋建瓴的细节设计，让学生抓住两个字从不同的角度反复地"说"出课文内容，既思路清晰地展开了充分的课堂活动，又让学生透彻地理解了文意。

比如，设计"诗意讲析"的细节——李可染《山水画的意境》的讲析片段：

在"美美地品析"这个教学步骤中，教师小结了学生的发言，并顺势结合作者笔下的古诗例证，阐释"意境就是景与情的结合"，阐释意境就是意象的精心组合中蕴含着的作者思想感情的艺术境界。比如：

毛泽东的《沁园春·雪》意境崇高壮美，王安石的《登飞来峰》意境开阔，陈子昂的《登幽州台歌》意境沉郁，李清照的《声声慢》意境凄美，杜甫的《石壕吏》意境深沉，陆游的《十一月四日风雨大作》意境悲壮，马致远的《天净沙·秋思》意境凄婉，李益的《夜上受降城闻笛》意境苍凉……

这样的讲析意境开朗，生动简明，用例丰美。它能够在细节的设计上给我们这样的启迪：教师的讲，要在关键之处绽出美丽的火花，要显山露水；知识的厚度是教师讲析的第一要素。

教学细节是多类别、多角度的，有无数的未知境界需要我们探究。其设计的优美流畅需要四个方面的背景：教师的教学理念，教师研读教材的水平，教师的教学技艺及对语文专业报刊的阅读视野。只有这四者综合地集中在教师的身上，教师才能够真正设计出精美、生动的教学细节。

七、学法实践的创新设计

新课标不仅要求“教材应注意引导学生掌握语文学习的方法”，也要求教师训练学生“掌握最基本的语文学习方法”。事实上，很多时候我们在学法指导上都是“心虚”的，我们在教学上往往会向学生讲授很多“方法”，但不清楚哪些是“最基本的语文学习方法”。

“最基本的语文学习方法”，就是人们常用的、受用终身的语文学习方法，不论是生活中的阅读，还是学术研究中的阅读，这些方法都应该是普遍适用的。从教学的角度来说，主要是指语文学习中整理的方法、概括的方法、摘录提取的方法、朗读记忆的方法、比较的方法、欣赏的方法、提炼的方法和阐释的方法等。对这些“最基本的语文学习方法”，我们心中要有底。

“最基本的语文学习方法”的实践活动主要依托课文自然地进行。有时候，可以利用课文来突显“一个点”的实践。如“近体诗二首”——王维《山居秋暝》、杜甫《登高》的教学。

这两首诗可以从多方面进行比较，适于在教学的适当时机自然地引导学生多角度地比读：《山居秋暝》写美，自然生活心情美，《登高》写悲，景物身世心境悲；《山居秋暝》给人闲适潇洒的感觉，《登高》给人老病孤愁的感觉；《山居秋暝》充满诗情画意，《登高》诗中情景交融……

有时候，可以利用课文展开“多角度”的实践。如刘禹锡《陋室铭》的教学活动设计：

活动一：自读自讲。

活动二：朗读背诵。

活动三：美点品析。

又如白居易《卖炭翁》的教学创意：

活动一：听读朗读，词义理解。

活动二：各自朗读，自读自译。

活动三：课文背诵，概说主旨。

活动四：评点批注，语言品析。

以上两个课例鲜明地表现了学生实践活动的特点。在教师的指导下，学生充分地占有了课堂学习的时间，并进行学习语言、习得技巧、发展能力、训练思维的学习实践活动，几乎所有的时间都在积累与训练之中，实实在在地表现出它们的美和实。

又如叶圣陶《苏州园林》的教学。利用这篇经典课文，可以很自然地让学生进行多方面的学法实践：

活动一：提取全文信息，缩写全文内容。

活动二：根据全文结构，阐释课文顺序。

活动三：选取重要片段，尝试选点精读。

活动四：学用段式结构，进行短文写作。

这个教例的设计，立足于这样的高层理念——让学生在大量、厚实的语文实践活动中学习、运用语文的规律。

学生的学法实践和课中实践活动，是我们在追求高效阅读教学的效果时必须高度关注的重要内容。

八、教学方案的创新设计

教案是什么？简言之，是教师根据教学内容策划的一种教学安排。目前，我们要从表现课程改革的深度与广度的角度来看教学方案创新的问题，在课程改革的背景下，如果连教案的设计都不能进行创新，那改革就谈不上有力度。

教案的创新设计不仅要求教师有现代化的教学理念，还要求教师有丰富的实践经验；不仅要求教师有一定的教学技巧，还要求教师有精细深刻的研读教材的能力。从教案创新设计本身来讲，教师应多角度、多层面地理性地思考、体味下面这些问题：

（1）教学设计的基本指导思想是让学生“在大量的语文实践中学习运用语文的规律”。

（2）教学设计要充分体现诵读、品析、积累、运用等语文课堂的教学要素。

（3）教学设计要力求做到课型新颖、思路清晰、提问精粹、品读细腻、活动充分、积累丰富。

（4）教学方案的美学境界是简化、优化、美化。

阅读教学方案创新的角度与内容实在是丰富多彩。比如：

①从“板块式教学思路”的角度创新设计。

②从“线索式教学思路”的角度创新设计。

③从“选点式教学思路”的角度创新设计。

④从“主问题引领”的角度创新设计。

⑤从“淡化提问设计”的角度创新设计。

⑥从“课中微型话题”的角度创新设计。

⑦从“课堂实践活动”的角度创新设计。

⑧为学生自主、合作、探究的阅读出“点子”。

⑨设计无分析过程的“感悟——积累——运用”式教学方案。

…………

下面是《小石潭记》“一课多案”的创新教学方案。

《小石潭记》品读教学方案一

1. 反复朗读（约 15 分钟）。(1) 请学生朗读课文，教师听音。(2) 学生听读课文，跟读课文，注意读准字音。(3) 全班同学朗读课文，每朗读一段停一次，由五位同学概括五个自然段的段意。(4) 教师强调落实一批四字词语，学生朗读，并读课文注释。

2. 自由发现（约 14 分钟）。(1) 学生对“课文美点”进行自由探究，进行发现。(2) 学生以两人小组的形式进行课中探究活动。(3) 全班交流。(4) 教师也向学生交流自己的发现。

3. 趣味欣赏（约 14 分钟）。(1) 教师提问，引出“清”字。(2) 学生自由发言，用带“清”字的形容词品析课文内容。

《小石潭记》品读教学方案二

1. 读前铺垫（4 分钟左右）。穿插柳宗元的《江雪》，从侧面点示课文写作背景。

2. 朗读背诵（13 分钟左右）。穿插字词板块的梳理落实。

3. 精段品读（10 分钟左右）。穿插赏析课文语言的学法介绍。

4. 整体欣赏（13 分钟左右）。用“资料助读”的方式，穿插精短的赏析短文，引导学生品析、欣赏课文。

《小石潭记》品读教学方案三

1. 教师点拨。对课文进行整体赏析，主要方法是对课文进行全面的咀嚼、理解，然后从课文中或找到一个“点”，或发现一条“线”，看其在技法、表达效果上的特点或作用。

2. 教师示范。课题“小石潭记”四个字，字字在课文中都有“文章”。就拿“石”来讲吧，“全石”“卷石”是明写石潭，“犬牙差互”是暗写石岸；“如鸣佩环”写出了水击石声的清越，“影布石上”写出了水的清澈；“凄神寒骨”不尽是石的冰凉，还含蓄地表现了作者悲凉的心境……

3. 请学生从“小石潭记”这四个字中任选一个字，结合课文内容，分别用“小”“石”“潭”“记”来说话，说说课文哪些内容能够分别表现这

四个字。

4. 学生自定内容，自由赏析。

教学的创新设计，表现出来的是教师的水平与魅力。在对学生教育的层次与高度上，我们必须从战略的高度来重视教师教学业务水平的提升。在本序结束的时候，我想再从教师的角度来概括我的几个观点：

课堂教学艺术的高层次境界是：学生活动充分，课堂积累丰富。

课堂教学的创新与创意表现在：板块式，主问题，诗意手法，一课多案。

教学的创新设计要关注五个字的要求：实，新，美，活，丰。

课堂教学艺术研究的着力点：优化教材处理，强化能力训练，简化教学思路，细化课中活动，美化教学手段，诗化教学语言。

在统编初中语文教材的教学背景下，我们教学设计的创新要格外注意：关注课程标准，关注语言学用，关注技能训练，关注知识渗透，关注集体活动，关注审美教育。

愿优美、创新、实用的教学设计走进每一位语文教师的课堂。

余映潮

2021 年 2 月 10 日于武汉映日斋

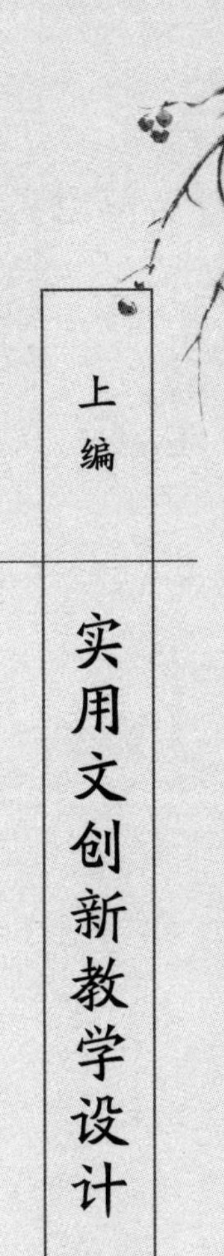

上编

实用文创新教学设计

1.《背影》创新教学设计

映潮品读

《背影》的语言是什么样的语言

《背影》的语言是什么样的语言？是抒情的语言。文中之情，无处不在。

作者用抒情的语言开篇揭题，表达自己对父亲的深深想念：

我与父亲不相见已二年余了，我最不能忘记的是他的背影。

作者用抒情的语言，叙述窘迫的家境和父亲的艰难：

那年冬天，祖母死了，父亲的差使也交卸了，正是祸不单行的日子。

回家变卖典质，父亲还了亏空；又借钱办了丧事。这些日子，家中光景很是惨淡，一半为了丧事，一半为了父亲赋闲。

家中光景是一日不如一日。他少年出外谋生，独立支持，做了许多大事。哪知老境却如此颓唐！

作者用抒情的语言，描述父亲对自己的深切关爱：

他终于讲定了价钱；就送我上车。他给我拣定了靠车门的一张椅子；我将他给我做的紫毛大衣铺好座位。他嘱我路上小心，夜里要警醒些，不要受凉。又嘱托茶房好好照应我。

他戴着黑布小帽，穿着黑布大马褂，深青布棉袍，蹒跚地走到铁道边，慢慢探身下去，尚不大难。可是他穿过铁道，要爬上那边月台，就不容易了。他用两手攀着上面，两脚再向上缩；他肥胖的身子向左微倾，显出努力的样子……

作者用抒情的语言，抒发自己的感动之情：

这时我看见他的背影，我的泪很快地流下来了。我赶紧拭干了泪。怕他看见，也怕别人看见。

等他的背影混入来来往往的人里，再找不着了，我便进来坐下，我的眼泪又来了。

我读到此处，在晶莹的泪光中，又看见那肥胖的、青布棉袍黑布马褂的背影。

作者用抒情的语言，深沉表达自己内心的忧伤：

但最近两年的不见，他终于忘却我的不好，只是惦记着我，惦记着我的儿子。我北来后，他写了一信给我，信中说道："我身体平安，唯膀子疼痛厉害，举箸提笔，诸多不便，大约大去之期不远矣。"我读到此处，在晶莹的泪光中，又看见那肥胖的、青布棉袍黑布马褂的背影。唉！我不知何时再能与他相见！

《背影》的语言是反复运用、语中含情的语言。

两个"唉"：

唉，我现在想想，那时真是太聪明了！

唉！我不知何时再能与他相见！

三个"爬"：

走到那边月台，须穿过铁道，须跳下去又爬上去。父亲是一个胖子，走过去自然要费事些。

可是他穿过铁道，要爬上那边月台，就不容易了。他用两手攀着上面，两脚再向上缩；他肥胖的身子向左微倾，显出努力的样子。

过铁道时，他先将橘子散放在地上，自己慢慢爬下，再抱起橘子走。

四个"终于"：

他再三嘱咐茶房，甚是仔细。但他终于不放心，怕茶房不妥帖；颇踌躇了一会。

他踌躇了一会，终于决定还是自己送我去。我再三劝他不必去；他只说："不要紧，他们去不好！"

我那时真是聪明过分，总觉他说话不大漂亮，非自己插嘴不可，但他终于讲定了价钱；就送我上车。

但最近两年的不见，他终于忘却我的不好，只是惦记着我，惦记着我的儿子。

特别是三处“嘱”，有着平中见奇之妙：

父亲因为事忙，本已说定不送我，叫旅馆里一个熟识的茶房陪我同去，他再三嘱咐茶房，甚是仔细。

但他终于讲定了价钱；就送我上车……他嘱我路上小心，夜里要警醒些，不要受凉。

又嘱托茶房好好照应我。

“嘱咐”有“叮嘱”“吩咐”的意思。加上“再三”“甚是仔细”的修饰，可见父亲对茶房叮嘱的遍数之多，内容之详，言辞之切。父亲是一再要求茶房记住该做什么，不该做什么，该怎么做，不该怎么做，把送行中应该注意的细微之处都提到了。一个“嘱咐”，写出父亲为儿子的出门作了精细、周密的安排，真实地表达出父亲不送儿子就不放心的心情。

“嘱”含有“亲切地叮嘱”的意思。由于父亲改“不送”为“送”，所以有直接对儿子说话的机会。父亲在“忙着照看行李”“忙着和他们讲价钱”之后，又反复叮咛儿子一些应注意的生活小事。一个“嘱”字，一下子就表现出父亲向儿子说出了自己的心里话，父亲的爱子之心、爱子之情跃然纸上。

“嘱托”有“嘱咐”“拜托”的意思。尽管父亲已嘱“我”，但他还嫌不够，还要托人办事；尽管父亲比儿子更清楚茶房“他们只认得钱，托他们只是白托”，但父亲知而为之，正是他爱子心切的表现。一个“嘱托”，把父亲的爱子之情又加深了一步。

“嘱咐”“嘱”“嘱托”，千情万意一个“嘱”。正是有了这些传神传情的描写，父亲的形象才显得愈丰满。如果只写父亲买橘子，恐怕文章不会有如此感人的力量。这些描写同描写父亲买橘子一样，在塑造父亲的形象、表达作者的感情方面发挥了重要作用。

文中还有多次反复：两次写“踌躇”，两次写“忙着”，两次写“慢慢”，两次写“惦记”，两次写“肥胖”，两次写“再三”，四次写“泪”，四次写“背影”……

《背影》的抒情语言，是平实语言与高雅语言的融合。

轻轻地读《背影》吧，让这美好动情的语言沁入我们的心灵中。

映潮说课

教学创意：选点精读，趣味读写

本课的教学设计为两节课。第一节课重在精段阅读训练，第二节课重在片段写作训练。

◎ 第一课时

导入课文，教学铺垫。

第一步：概说课文，把握文意

建议学生这样概说课文：概说全文的主要内容，概说文章的行文脉络，概说父亲的形象特点，概说课文重点段落的主要内容。

活动方式：请每个学生从上面四个角度中自选一个，对课文进行概说。

学生思考、交流。

教师课中小结，用五六个句子对课文进行概说。注意突出对课文第六段的概说。

第二步：承接前面的活动，顺势切入课文第六段，精段品读

(1) 建议学生这样朗读：

轻声地朗读课文第六段，复述关于父亲“背影”的故事。

轻声地朗读课文第六段，梳理这一段的结构层次。

轻声地朗读课文第六段，感受这一段中情感的抒发。

(2) 请学生从下面话题中自选内容研读课文第六段：

话题：①这一段中的“事”与“情”；②欣赏段中的“定格描写”；③欣赏段中的“连续动作”描写；④“泪”的表“情”作用；⑤黑色与红

色；⑥父亲的话语欣赏；⑦动词的表现力欣赏；⑧父亲的外貌描写欣赏；⑨说说这一段中的两写“背影”；⑩说说这一段与全文的关系。

或者从以下角度引导学生对此段进行品析欣赏：①诗意地概括此段内容，分析此段层次；②从记叙要素的角度梳理此段的脉络层次；③品味动词运用、动作描写对父亲形象的表达作用；④感受外貌描写对父亲形象的表达作用；⑤品味作者的情感抒发对父亲形象的表达作用。

学生思考5分钟，写下自己对某个话题的研读见解。

教师组织课堂交流活动并与学生对话。

（3）教师进行课中小结：

这一段的事件是全文的中心事件——“父亲买橘”。“他用两手攀着上面，两脚再向上缩；他肥胖的身子向左微倾，显出努力的样子，这时我看见他的背影，我的泪很快地流下来了”是这一段最关键的一句，全文表现的焦点就是这个“背影”。作者层次分明、语言朴素、情感深沉地描写了父亲的背影。那布帽，布马褂、布棉袍表现了父亲家庭败落、生活贫困的境遇；那蹒跚的步态，那探身、攀手、缩脚、倾身等一系列动作，形象地描绘了父亲的费劲吃力；那“心里很轻松似的”的动作，体现了父亲不让儿子觉得自己劳累的细心；那叮嘱的话语，表现了父亲对儿子的关怀备至；那流泪、又流泪的叙述，则表达出作者内心非常复杂的情意。总之，这一段处处都体现了父亲对儿子深挚的爱，处处都抒发了作者的感动之情。

第三步：回扣与顺联

建议学生这样探究：

主问题：如果全文只单纯地描写父亲买橘子，故事会这样感人吗？

回扣：从对背影的描写回扣课文的首段，体会祸不单行、家境惨淡的特定环境。

顺联：从对背影的描写顺联课文的末段，体会父子相爱相怜的真挚感情。

于是，在这一节课中，全文的教学形成一种选点突破、辐射全篇的格局。

◎ 第二课时

回顾所学，交代本节课的学习内容。

第一步：趣味学习活动

请学生就“________与________”这个话题对课文进行重新发现，比如，开头与结尾：

我与父亲不相见已二年余了，我最不能忘记的是他的背影。

唉！我不知何时再能与他相见！

学生阅读课文，进行横向联系和探寻。学生会有很多新发现，然后进行课堂交流。

比如，父亲与儿子：

他踌躇了一会，终于决定还是自己送我去。我再三劝他不必去；他只说：“不要紧，他们去不好！”

我说道：“爸爸，你走吧。”他往车外看了看说：“我买几个橘子去。你就在此地，不要走动。”

黑色与紫色：

他戴着黑布小帽，穿着黑布大马褂，深青布棉袍，蹒跚地走到铁道边，慢慢探身下去……

他给我拣定了靠车门的一张椅子；我将他给我做的紫毛大衣铺好座位。

内疚与思念：

唉，我现在想想，那时真是太聪明了！

唉！我不知何时再能与他相见！

年少与年老：

他少年出外谋生，独立支持，做了许多大事。

“我身体平安，唯膀子疼痛厉害，举箸提笔，诸多不便，大约大去之

期不远矣。”

实写与虚写：

等他的背影混入来来往往的人里，再找不着了，我便进来坐下，我的眼泪又来了。

我读到此处，在晶莹的泪光中，又看见那肥胖的、青布棉袍黑布马褂的背影。

教师顺势引出下面的内容。

简叙与详叙：

课文第二段，简叙，用几句话写出了多件事。

课文第六段，详叙，用很多话只写了一件事。

教师讲析：

简叙与详叙的处理，不仅在这篇文章里非常重要，而且在任何一篇以记事为主的叙说文中都非常重要。在这篇课文里，作为简叙的这一段的作用是：介绍家境，突显背景，表现心情，进行铺垫；作为详叙的这一段的作用是：突显场景，描绘细节，表现人物，抒发感情。如果没有简叙，详叙的内容就显得比较突兀，不够自然；如果没有详叙，叙事就没有动人的细节，没有故事的味道。所以，简叙与详叙是相互映衬、相得益彰的。

第二步：课堂构思训练

教师出示一个作文题：平淡生活中的幸福。

请大家就刚才所学进行构思。构思要求：用这个作文题写自己亲身经历的一件事，请构思自己准备写的文章中“略写”与“详写”的内容提纲。每位同学的写作时间是 8 分钟。

学生构思、交流，教师评说。

教师进行课堂学习小结。

2.《从百草园到三味书屋》创新教学设计

映潮品读

读课文，学写作

《从百草园到三味书屋》是一篇很好的可供写作借鉴的课文。

一学课文整体构思方面的“两块式”结构

从文章题目可以看出，本文包括两个部分，两部分再现了作者从童年的游戏、玩乐到长大读书的成长过程。

“从……到……”表现出一种比较清晰的“两块式”思路或结构。这既是一种常用的写作模式，也是一种常用的思维模式和口语表达模式。用这种结构写文章，有利于“精选”和“联结”材料：或将一段时间内的不同经历，或将时间或空间距离很大的相关内容，或将若干从表面看来完全不同的事物“组合”在一起，通过对它们的描写来表达一种情愫、一种情致、一种情思、一种情感。

作者先从百草园的生活写起，既写了生机勃勃的百草园，也写了带着神秘色彩的美女蛇的故事，还写了冬天雪地捕鸟的故事，作者扣住“我的乐园”来写，文章满溢着乐趣、生机和活力。

文章接着写三味书屋的读书生活。作者选取了几个片段，真实而生动地再现了私塾教育的若干侧面。先生知识渊博，教学认真，不太束缚也基本上不体罚学生；学生敬慕先生，学习认真，一有机会便玩乐、游戏、画画儿，寻找读书以外的乐趣。

作者从百草园写到三味书屋，笔触细腻，细节精美，表达出深情的回忆和美好的情思。

二学课文中叙写童年故事的简明思路

课文中从“我不知道为什么家里的人要将我送进书塾里去了”到“年纪比我大的人，往往如此，我遇见过好几回了”这一部分，写的是“我”初到三味书屋时的生活。

这个重点片段的内容相对集中，500多字的篇幅。一写“我”去私塾的原因，二写“我”拜孔子、拜先生，三写“我”问先生“怪哉”为何虫，四写先生的不高兴以及“我”的感悟。思路非常简洁，层次非常清晰，衔接非常紧密，详略非常分明，穿插非常巧妙，描叙非常生动，表现出“交代一笔→铺垫一笔→详写一笔→感悟一笔”的写作思路，简直就是学生600字作文的精彩范本。

如下就是“详写一笔”和“感悟一笔”的内容：

不知从那里听来的，东方朔也很渊博，他认识一种虫，名曰“怪哉”，冤气所化，用酒一浇，就消释了。我很想详细地知道这故事，但阿长是不知道的，因为她毕竟不渊博。现在得到机会了，可以问先生。

“先生，‘怪哉’这虫，是怎么一回事？……”我上了生书，将要退下来的时候，赶忙问。

“不知道！”他似乎很不高兴，脸上还有怒色了。

我才知道做学生是不应该问这些事的，只要读书，因为他是渊博的宿儒，决不至于不知道，所谓不知道者，乃是不愿意说。年纪比我大的人，往往如此，我遇见过好几回了。

三学课文中片段描写的美妙笔法

课文在片段描写方面可供学习、借鉴的内容也很多。

景物描写。第二自然段是非常美妙的语言组合，作者写景时抓住了事物的特点，景物描写不仅有着恰当的顺序，而且更美妙的是句式的运用。“不必说……也不必说……单是……就有……”像一条彩线，层层递进地描写了百草园中美丽的景物，给人一种乐而忘返的感觉。“不必说……也不必说……”指的是原本就很美丽的景物；“单是……就有……”指的是看来似乎单调的景物。连似乎比较单调的景物都有“无限趣味”，那原本就很美丽的景物就更不消说了。“不必说……也不必说……”是略写，是写“面”；“单是……就有……”是详写，是写点。这样点面结合的写法，既省去了许多文字，又显得情趣横生，整段文字真情流露，富有诗情画意。

人物素描。课文中描写寿镜吾老先生的文字是“第二次行礼时，先生便和蔼地在一旁答礼。他是一个高而瘦的老人，须发都花白了，还戴着大眼镜。”作者仅用 30 余字就勾勒了老先生的形象，写出了他的年龄、身材、须发、装束、神态等几个方面的特点，可谓用语简洁、生动传神。

动作描绘。“扫开一块雪，露出地面，用一枝短棒支起一面大的竹筛来，下面撒些秕谷，棒上系一条长绳，人远远地牵着，看鸟雀下来啄食，走到竹筛底下的时候，将绳子一拉，便罩住了。”这段话中用一系列动词准确地描绘了雪地捕鸟的过程，生动简洁，富于变化。难怪课文练习中这样说道：“仔细品味，然后自己写一段话，或叙述做某个游戏的过程，或描写蚂蚁搬家的经过，也试着用上一系列动词。”

场面描写。“于是大家放开喉咙读一阵书，真是人声鼎沸……将头仰起，摇着，向后拗过去，拗过去”这几个自然段既是精彩的细节描写，也是让人捧读不厌的场面描写，还是生动的群体活动的描写。活动的场面、人物的形象如同在我们眼前，很适宜我们在写作上进行学习与模仿。

映潮说课

教学创意：全文整体理解，文中故事体味，精段自由品析，美段课中练习

活动一：建议学生这样初读课文

（1）认读、理解一些字词。

菜畦：菜地。畦，有土埂围着的一块块长方形田地。

长吟：长声鸣叫。

轻捷：轻快敏捷。

攒：凑在一块儿。

高枕而卧：比喻思想上解除武装，放松警惕。

敛：收拢。

鉴赏：鉴定和欣赏。

人迹罕至：少有人来。迹，足迹、脚印。罕，稀少。

秕谷：籽粒不饱满的稻谷或谷子。

质朴：朴实，不矫饰。

蝉蜕：蝉的幼虫变为成虫时脱下的壳。

同窗：旧时对同学的称呼，意思是同在一个窗下念书的人。

人声鼎沸：形容人声喧闹，像水在鼎中沸腾一样。鼎，古代煮东西用的器物，一般为圆形，三足两耳，也有方形四足的。沸，水开。

（2）根据课文的标题速读课文，分别找出写百草园和三味书屋两部分的起止语句以及中间的过渡段，以此理解文章层次，并试着对这两部分的内容进行简洁的概括。

（3）用一两句话说说自己对这篇课文的认识，即说说你认为这是一篇什么样的课文。教师示例：

这是一篇描写作者童年生活的散文。再现了作者从童年的游戏、玩乐到长大读书的成长过程。请大家思考、表达，要求自己的表述与别人的不同。

活动二：请学生这样感受课文

从“成长”的角度感受课文中的生活。

（1）朗读并表达作者对百草园生活无限情趣的感受。比如可以这样说：这里让作者既有对可爱的动物、植物的爱恋，又有对神秘的美女蛇故事的回忆和向往，还有冬日里雪地捕鸟的乐趣，等等。

（2）朗读并表达作者对私塾读书生活情趣的感受。比如可以这样说：这里既有和蔼而博学的先生，也有作者向先生求知学习的渴望，还有折蜡梅、做戏、描绣像的自由自在……

教师注意与学生多角度地对话。

活动三：请学生这样品析课文

选择下面一个段落，扣住提示独立品析，写出 100 字左右的发言提纲。

品析描写的层次之美，如课文的第二段。

品析描述的生动之美，如课文的第四段。

品析用词的精确之美，如课文的第七段。

品析句式的抒情之美，如课文的第九段。

品析描述的传神之美，如写老师读书的那一部分内容。

教师组织学生用“说”的方式进行课堂交流。

活动四：请学生独立完成课中阅读练习，然后教师讲析

不必说碧绿的菜畦，光滑的石井栏，高大的皂荚树，紫红的桑葚；也不必说鸣蝉在树叶里长吟，肥胖的黄蜂伏在菜花上，轻捷的叫天子（云雀）忽然从草间直窜向云霄里去了。单是周围的短短的泥墙根一带，就有无限趣味。油蛉在这里低唱，蟋蟀们在这里弹琴。翻开断砖来，有时会遇见蜈蚣；还有斑蝥，倘若用手指按住它的脊梁，便会啪的一声，从后窍喷出一阵烟雾。何首乌藤和木莲藤缠络着，木莲有莲房一般的果实，何首乌有臃肿的根。有人说，何首乌根是有像人形的，吃了便可以成仙，我于是常常拔它起来，牵连不断地拔起来，也曾因此弄坏了泥墙，却从来没有见过有一块根像人样。如果不怕刺，还可以摘到覆盆子，像小珊瑚珠攒成的小球，又酸又甜，色味都比桑葚要好得远。

（1）摘录。

①从视觉角度写景的语句：________________

②从听觉角度写景的语句：________________

③从味觉角度写景的语句：________________

（2）简析。

这段文字景物描写的顺序是怎样的？其主要内容是围绕段中哪一个句子来写的？

____

（3）简答。

下面句子各表现了儿童什么样的感情或心情，请简要回答。

①轻捷的叫天子（云雀）忽然从草间直窜向云霄里去了。________

②油蛉在这里低唱，蟋蟀们在这里弹琴。________________

③还有斑蝥，倘若……喷出一阵烟雾。________________

④还可以摘到覆盆子……色味都比桑葚要好得远。________________

（4）赏析。

你认为这段文字的描写好在哪里，请说出一点自己的看法。

____

参考答案：

（1）①不必说碧绿的菜畦，光滑的石井栏，高大的皂荚树，紫红的桑葚。②油蛉在这里低唱，蟋蟀们在这里弹琴。③又酸又甜，色味都比桑葚要好得远。

（2）先用“不必说……也不必说……”写百草园整体，再写局部的“泥墙根一带”。第一个“不必说”由低到高写静物，第二个“不必说”由高到低写动物。其主要内容是围绕“单是周围的短短的泥墙根一带，就有无限趣味”这一句来写的。

（3）①惊喜的心理。②欣赏的心理。③好奇逗乐的心理。④喜爱的心理。

（4）提示一：既有动景的描写，又有静景的描写；既有动物的描写，又有植物的描写；既写了“声”，又写了“色”，还写了“趣”；既有概括的描写，又有重点的详细的描写，等等。提示二：作者运用拟人、排比等修辞手法和优美的句式，将百草园的景物写得有声有色、有滋有味，表现了作者在百草园童年生活之“趣”，与三味书屋里的读书生活形成对比。

3.《大雁归来》创新教学设计

映潮品读

《大雁归来》美句欣赏

（1）一只燕子的来临说明不了春天，但当一群大雁冲破了 3 月暖流的雾霭时，春天就来到了。

这里说的是大雁是春天真正的使者。大雁带来了春天的生机，春天的希望，春天的喜悦。“冲破”一词用得好，写出了速度、力度与“归来”的勇气。整个段落运用了一个“美丽”的句式，人们常用这样的句式表达对新事物的赞美之情。

（2）如果一只主红雀对着暖流歌唱起春天来，却发现自己搞错了，它还可以纠正自己的错误，继续保持它在冬季的缄默；如果一只花鼠想出来晒太阳，却遇到了一阵暴风雪，也可以再回去睡觉；而一只定期迁徙的大雁，下定了在黑夜飞行 200 英里的赌注，它一旦起程再要撤回去就不那么容易了。

这里写的是大雁的迁徙是勇往直前的、没有变更的、无法退缩的。大雁一旦起飞便一往无前。作者把这个简单的意思用复杂的句式表达出来，像诗歌中的“起兴”一样，先言它物，再写到大雁身上来，不仅在对比烘托之中写出了大雁迁徙的铁一般的规律，还让人们感受到一种极富诗意的语言表达技巧。

（3）它们顺着弯曲的河流拐来拐去，穿过现在已经没有猎枪的狩猎点和小洲，向每个沙滩低语着，如同向久别的朋友低语一样。它们低低地在沼泽和草地上空曲折地穿行着，向每个刚刚融化的水洼和池塘问好。

这里写的是 3 月大雁的轻松与快乐。大雁归来在作者看来是一首抒情诗。没有了黑洞洞的枪口，大雁们感到世界是如此美好，它们带着快乐的

心情，轻轻地低诉着对沙滩的想念；它们兴奋地寻找着熟悉的地方，向开始显露春色的水洼和池塘致意。在这里，与其说是在写大雁的心情，倒不如说是在写作者看到大雁归来时的心情。

(4) 一触到水，我们刚到的客人就会叫起来，似乎它们溅起的水花能抖掉那脆弱的香蒲身上的冬天。

这里写出了非常美好的氛围。“刚到的客人”表现出作者对于大雁归来的喜悦之情，“叫起来”写出了回到春水中的大雁的快乐。“似乎”一句，把大雁拟人化了：也许它们认为自己是春天的使者呢，它们能让香蒲乃至万物摆脱冬日的严寒，从此迎来春天，欣欣向荣。

(5) 每次出发之前，都有一场高声而有趣的辩论，而每次返回之前的争论则更为响亮。

这里写的是春雁觅食前后的快乐。它们出发前似乎在商量、在讨论、在辩说，看哪个地方的食物更好；返回后还会评说、论述食物的价值。并不是很好听的大雁的叫声在作者的心目中成为集会中的纷纷议论。

(6) 返回的雁群，不再在沼泽上空做试探性的盘旋，而像凋零的枫叶一样，摇晃着从空中落下来，并向下面欢呼的鸟儿们伸出双脚。那接着而来的低语，是它们在论述食物的价值。

这里写的是饱食过玉米之后回来的雁群。写它们的自由，写它们的美姿，写它们的友好，写它们的热闹，写它们的“成群结队”，写它们的“交头接耳”。

(7) 自更新世以来，每年3月，从中国海到西伯利亚，从幼发拉底河到伏尔加河，从尼罗河到摩尔曼斯克，从林肯郡到斯匹次卑尔根群岛，大雁都要吹起联合的号角。

这里写的是大雁的迁徙是极有规律的。这种规律表现在年代久远、年年如是；这种规律表现在地域辽阔、处处如是。“大雁都要吹起联合的号角”写出了这种规律的全球性特点，写出了一种伟大的生命特征：每年3月，它们都要用自己的生命为实现这个基本的信念做赌注。

(8) 在这种每年一度的迁徙中，整个大陆所获得的是从3月的天空洒下来的一首有益无损的带着野性的诗歌。

这句话说的是大雁归来的意义。它们离开了食品丰足、冬季温暖的南方，最后来到阳光充足、夏季僻静的北极，繁衍后代。迁徙中的大雁是带着野性的飞翔，它们的鸣叫像带着野性的诗歌，从3月的天空飘洒下来。大雁的迁徙给整个大陆带来的是有益无损的良好的生态规律，大雁具有联合的观念，世界因它们有规律的迁徙而充满诗意。

映潮说课

教学创意：自读训练，从四种角度来训练阅读能力

能力训练一：概说训练

要求：请试用一个短语说说作者笔下的大雁。

学生可能会说：

3月的大雁

从南方归来的大雁

春雁

宣告新的季节来临的大雁

直线飞行200公里的大雁

以家庭为主要组成单位的大雁

每年一度进行迁徙的大雁

每年3月都要吹起联合的号角的大雁

教师小结：

课文中，作者描写了冬季的大雁，描写了南飞的大雁，描写了归来的大雁，描写了觅食的大雁，描写了集会的大雁，描写了孤雁，描写了每年3月都要集体迁徙的大雁。作者在大雁身上找到了善性、友情、亲情，找到了联合的观念，找到了大自然的诗意。

能力训练二：提炼训练

要求：请学生以小组为单位，整理、提炼课文中有关春雁的知识性内容。

得出的大致结果为：

南飞的大雁在3月里会飞回来。

它们的飞行距离是200公里。

雁群是一些家庭，或者说是一些家庭的聚合体。

所有的孤雁都有一种共性：它们的飞行和鸣叫很频繁，而且声调忧郁。

在5月来到之时，大雁集会也就逐渐少下来。

每年3月，大雁都要吹起联合的号角，进行每年一度的迁徙，这是一种国际性的大雁迁徙活动。

能力训练三：描述训练

话题：春雁生活剪影。

要求：请学生根据话题，结合课文内容，自选角度，进行描述。

(1) 3月的大雁回来了。它们顺着弯曲的河流拐来拐去，穿过现在已经没有猎枪的狩猎点和小洲，向每个沙滩低语着，如同向久别的朋友低语一样。它们低低地在沼泽和草地上空曲折地穿行着，向每个刚刚融化的水洼和池塘问好。

(2) 我们的大雁又回来了。在我们的沼泽上空做了几次试探性的盘旋之后，它们白色的尾部朝着远方的山丘，终于慢慢扇动着黑色的翅膀，静静地向池塘滑翔下来。一触到水，我们刚到的客人就会叫起来，似乎它们溅起的水花能抖掉那脆弱的香蒲身上的冬天。

(3) 但当一群大雁冲破了3月暖流的雾霭时，春天就来到了。第一群大雁一旦来到这里，它们便向每一个迁徙的雁群喧嚷着发出邀请。不消几天，沼泽地里到处都可以看到它们。

(4) 我们的春雁每天都要去玉米地做一次旅行。每次出发之前，都有一场高声而有趣的辩论，而每次返回之前的争论则更为响亮。返回的雁群，像凋零的枫叶一样，摇晃着从空中落下来，并向下面欢呼的鸟儿们伸出双脚。那接着而来的低语，是它们在论述食物的价值。

(5) 在4月的夜间，刺耳的雁叫声出现了，并且带着一阵急促的混乱的回声。有翅膀在水上的拍打声，有蹼的划动而发出来的声音，还有观战者们激烈的辩论所发出的呼叫声。随后，一个深沉的声音算是最后发言，喧闹声也渐渐低沉下去，只能听到一些模糊的稀疏的谈论。

能力训练四：创编训练

要求：运用课文中的材料，组合一段话，表现3月大雁的“说话”声，体味作者对大雁的喜爱之情。

创编、组合的“文章”如下：

3月，我们的大雁又回来了。

它们顺着弯曲的河流拐来拐去，穿过现在已经没有猎枪的狩猎点和小洲，向每个沙滩**低语**着，如同向久别的朋友低语一样。

它们低低地在沼泽和草地上空曲折地穿行着，向每个刚刚融化的水洼和池塘**问好**。

一触到水，我们刚到的客人就会**叫**起来，似乎它们溅起的水花能抖掉那脆弱的香蒲身上的冬天。

第一群大雁一旦来到这里，它们便向每一群迁徙的雁群喧嚷着**发出邀请**。不消几天，沼泽地里到处都可以看到它们。

从早到晚，它们一群一群地**喧闹**着往收割后的玉米地飞去。

每次出发之前，都有一场高声而有趣的**辩论**，而每次返回之前的**争论**则更为响亮。

返回的雁群，不再在沼泽上空做试探性的盘旋，而像凋零的枫叶一样，摇晃着从空中落下来，并向下面**欢呼**的鸟儿们伸出双脚。那接着而来的**低语**，是它们在**论述**食物的价值。

教师小结：

作者用拟人手法描写大雁，表达了对大雁的喜爱之情。在作者笔下，大雁的形象跃然纸上，大雁像人类一样具有灵性，文章声情并茂，让人如见其形、如闻其声。

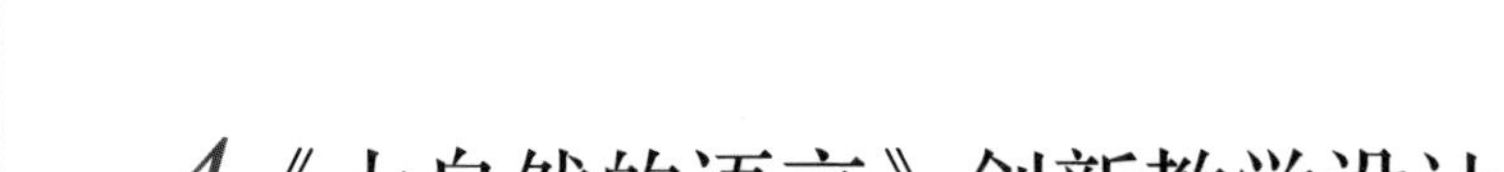

4.《大自然的语言》创新教学设计

映潮品读

《大自然的语言》中的教学资源

《大自然的语言》给人以非常好的美感。

它美在全文结构严密，美在全文顺序清晰，美在说明的方法生动丰富，美在段落的写作精致优美，美在高雅语汇在说明文中的大量运用，美在文章有一个难得的好标题……

《大自然的语言》蕴含着丰富的教学资源，下面着重阐释几点。

一是它有学生应当学用的高雅语汇

萌发：这里指草木在春天里开始显露生机。

次第：依次，按照顺序或依一定顺序，一个接一个地。

翩然：形容动作轻快的样子。

孕育：这里用来比喻酝酿着新生事物。

销声匿迹：形容隐藏起来，不公开露面。

衰草连天：荒草遍地，形容极其凋敝的样子。

风雪载途：一路上都是风雪交加，形容旅途艰难。

周而复始：转了一圈又一圈，一次又一次地循环。

草长莺飞：形容江南暮春，生机盎然，万物复苏的景色。莺，黄鹂。

这些是本课的词汇中最精致的一部分，也是教学中必不可少的重要内容之一，这些词汇不仅仅只是用于积累，更重要的还有对它们的品析、揣摩与赏析。

二是它有初中语文课文中少有的表达美妙的段落

如课文的第一段：

> 立春过后，大地渐渐从沉睡中苏醒过来。冰雪融化，草木萌发，各种花次第开放。再过两个月，燕子翩然归来。不久，布谷鸟也来了。于是转入炎热的夏季，这是植物孕育果实的时期。到了秋天，果实成熟，植物的叶子渐渐变黄，在秋风中簌簌地落下来。北雁南飞，活跃在田间草际的昆虫也都销声匿迹。到处呈现一片衰草连天的景象，准备迎接风雪载途的寒冬。在地球上温带和亚热带区域里，年年如是，周而复始。

这一段文字笔力深厚、立意高远，给人以美不胜收之感。作者运用“宕开一笔”的写法，虽然从“远处”写起，但又是紧扣课文标题，用类似于“起兴”的方式开了一个好头。它层次明朗，全段分为两个层次：第一层用优美的语言描述了大自然一年之中的气候特点和物候特点，第二层用概括说明的方法点出“年年如是，周而复始”的物候规律，可谓思路完美。它顺序清晰，运用精致的短句组合，从“立春过后”写到“转入炎热的夏季”“到了秋天”再写到“准备迎接风雪载途的寒冬”，句式变化有致而又丝毫不显拘泥。它语言生动优美，“从沉睡中苏醒过来”写出了冬天的悄然离去与春天的欣然到来，“冰雪融化，草木萌发，各种花次第开放”具体地描述大地的“苏醒”，显现出一片扑面而来的春色。“次第”用得典雅；“翩然归来”写出了燕子的轻灵快乐；黄叶“簌簌地落下来”，描述得有声有色；“北雁南飞”“田间草际”“销声匿迹”“衰草连天”“风雪载途”等词语简练生动，文气扑面；“年年如是，周而复始”概括了一年四季的更替变化，简洁而又准确。它音节明丽、音韵和谐，读起来朗朗上口，充满着美的韵致。它于全文有着重要的表达作用与表达效果，寓说明于描写之中，如同展现出一幅四季风光画卷：既引人入胜，又使人联想；既激发了读者的阅读兴趣，又巧妙地引起了下文。

可以说，《大自然的语言》中的每一段都写得好，每一个部分的表达作用都值得我们细细欣赏。段落的品读欣赏，也应是这一课的教学重点内容之一。

三是它有着非常值得我们欣赏的结构艺术

整篇文章表现出严密的结构层次和严谨的逻辑顺序。下面我们从文章整体到局部到细部进行多层次的分析：

说法一：

第一部分（第一至三段）说明什么是物候，什么是物候学。

第二部分（第四至五段）说明物候观测对农业生产的重要性。

第三部分（第六至十段）说明决定物候现象来临的因素。

第四部分（第十一至十二段）阐述了物候学的研究意义。

全文眉目清晰，顺序清楚，有条不紊。

说法二：

文章的主体部分，由“物候现象的来临决定于哪些因素呢”一句引出了课文的重点内容，然后按主次顺序介绍了决定物候现象来临的因素：首先是纬度；经度的差异是影响物候的第二个因素；影响物候的第三个因素是高下的差异；此外，物候现象来临的迟早还有古今的差异。

这样的表达条理明晰，灵活生动，错落有致。

说法三：

第一段按春夏秋冬的时序进行描述与说明。

第二段中举例的时序性极强：杏花开了，就好像大自然在传语要赶快耕地；桃花开了，又好像在暗示要赶快种谷子。布谷鸟开始唱歌，劳动人民懂得它在唱“阿公阿婆，割麦插禾”。

第三段按从古代到近代的顺序说明了物候知识的起源和发展。条理、顺序都很清楚。

说法四：

文中的语言片段同样表现着表达条理的清晰：

物候学的研究首先是为了预报农时，选择播种日期。此外还有多方面的意义。

可见，不论是着眼于全篇，还是着眼于部分，或着眼于段落，甚至着眼于句与句之间的关系，我们都能感受到《大自然的语言》非常有条理，十分讲究说明的顺序。

结构的分析、章法的审美都是阅读教学中重要的内容与任务。《大自然的语言》天然地具有这方面的优势，不论于文章表达方面的阅读分析，还是于思维与思辨训练，这些都是很好的教学抓手。

映潮说课

教学创意：按“整体”“局部”“细部”的逻辑层次逐层深入教学

◎ 第一课时

教学任务：分析文脉，理解文意。

指导学生对文章的结构进行分析，从而比较深入地理解课文内容，比较深入地分析课文结构。

能力训练目标：语言分析能力与阐释能力训练。

教学主要过程：

导入，简介作家作品。

学生自读课文，尝试着划分课文的层次。

活动一：学生研读课文，着眼于全篇，说明《大自然的语言》是非常有条理的、十分讲究说明顺序的说明文。

学生自读课文，展开讨论，形成看法，师生对话。

师生对话中，教师可利用“映潮品读”的“说法一”中的内容。

教师小结：

这篇文章从大自然春夏秋冬的物候变化开始，有序地介绍了：什么是物候→什么是物候学→物候学的作用→决定物候现象来临的因素→物候学研究的多方面意义。可以说，全文层层深入，结构自然精巧。

活动二：请学生研读课文的第六至十段，完成研讨的话题。

话题：试根据课文内容阐释这一部分的结构与顺序都是非常有条理的，十分讲究说明顺序的。

学生自读课文，展开讨论，形成看法，师生对话。

师生研讨的内容可能有：第六段是一个设问句，其实就是“总说”；“首先”“第二”“第三”“此外”由主到次进行了“分说”。这一部分呈“总分”结构，条理十分清晰。

本文重点说明了决定物候现象来临的四个因素：纬度差异、经度差异、高下差异和古今差异。四个因素的影响程度由大到小，依次排列，有条有理；“首先”“第二”“第三”“此外”等连接词体现了这一部分明晰的层次与顺序。

“首先”一段，说的是北寒南热的普遍现象，所以放在第一位。“第二”一段，说的是同纬度沿海和内陆地区物候现象差异，范围小多了，所以次之。“第三”一段，说的是山区、同一个地点物候现象的高下差异，范围更小，因此再次之。“此外”一段，说的是要经过长久的时间之后才能观察到的物候现象的差异，于是放在最后。所以，这一部分由主到次、由空间到时间的逻辑顺序非常严密，条理非常清晰。

◎ 第二课时

教学思路：选点品读，读写结合。

指导学生深入品读课文的第一段，突出对课文最精美的段落的阅读品析与语言学用，并以“春夏秋冬的物候”为话题写短文或小诗。

能力训练目标：语言品析能力与表达能力训练。

教学主要过程：

活动一：朗读《大自然的语言》的第一段，背诵这一段

活动二：品析欣赏《大自然的语言》的第一段

话题：说说课文第一段的语言表达之美和它的表达作用、表达效果。

立春过后，大地渐渐从沉睡中苏醒过来。冰雪融化，草木萌发，各种花次第开放。再过两个月，燕子翩然归来。不久，布谷鸟也来了。于是转入炎热的夏季，这是植物孕育果实的时期。到了秋天，果实成熟，植物的叶子渐渐变黄，在秋风中簌簌地落下来。北雁南飞，活跃在田间草际的昆虫也都销声匿迹。到处呈现一片衰草连天的景象，准备迎接风雪载途的寒

冬。在地球上温带和亚热带区域里，年年如是，周而复始。

师生对话的内容如下：

这一段语言生动、传神。用“翩然归来”描绘燕子的轻捷、洒脱，用“簌簌地”写出树叶纷纷飘落的动态，用“衰草连天”写出深秋景象的荒凉，用“风雪载途”写出严冬的酷寒……

这一段紧扣课文标题，用生动的语言有序地描写纷繁的物候现象。将大自然一年四季的物候景观写得生动形象，如同展现四季的风光画卷，引人入胜，激发读者的阅读兴趣。

这一段最重要的作用是诗意地、艺术地引出“大自然的语言”的话题。

活动三：请每个学生以“大自然的语言”为题，以春夏秋冬为序，写一首小诗

教师举例：

大自然的语言

燕语呢喃
告诉人们春天来了
金蝉高声鸣叫
告诉人们夏天到了
菊花张开了笑脸
迎接秋天的降临
雪花纷纷扬扬
是说冬天正光顾人间
…………

学生写作，课堂交流，教师评点。

教师进行课堂学习小结：

我们从课文整体的角度、一部分课文的角度、课文的一个美段的角度，分别对课文内容进行了阅读赏析。

5.《“飞天”凌空——跳水姑娘吕伟夺魁记》创新教学设计

映潮品读

《“飞天”凌空——跳水姑娘吕伟夺魁记》的表达艺术之美

新闻特写是截取新闻事件中最有价值的片段，集中笔力，着重描写其精彩瞬间，鲜明再现典型人物、事件、场景的一种新闻体裁。

课文《“飞天”凌空——跳水姑娘吕伟夺魁记》报道的是 1982 年 11 月 24 日，在印度新德里举行的第九届亚运会上，中国运动员吕伟获得女子十米高台跳水冠军的事件。

这篇新闻特写选自 1982 年 11 月 25 日的《光明日报》，它充满着写作艺术的气息。

读一读这篇精致短文，让我们一起来欣赏其表达的艺术之美。

文章标题之美。“‘飞天’凌空”四个字，比喻精美，富有动感，高度概括，统领全文且充满赞美之意。

首段表达之美。“她站在十米高台的前沿，沉静自若，风度优雅，白云似在她的头顶漂浮，飞鸟掠过她的身旁。这是达卡多拉游泳场的八千名观众一齐翘首而望、屏息敛声的一刹那。”——作者出手不凡，采用“仰视”的角度进行描述，寥寥不足百字，点出了人物、场景，描述了环境氛围；运用多重衬托手法，用白云、飞鸟衬托人物的沉静，用观众的期待体现比赛氛围的扣人心弦。

精致描绘之美。吕伟在十米高台上从起跳到入水，只用了 1.7 秒，作者运用“慢镜头”的描述手法，将运动员起跳、腾空、入水的优雅动作逐一进行生动的描绘，美好的画面如在眼前。

间接描写之美。写运动员入水时“哧”的声响，写“几串白色的气泡拥抱了这位自天而降的仙女，四面水花则悄然不惊”，体现出运动员跳水技巧的高超。

比喻手法之美。文中比喻形象生动，“酷似敦煌壁画中凌空翔舞的‘飞天’”“动作疾如流星”“像轻盈的、笔直的箭”，多角度地表现了运动员的健美。

语言精致之美。四字短语尤为生动丰富：沉静自若、风度优雅、翘首而望、屏息敛声、凌空翔舞、潇洒自如、悄然不惊等，体现出浓郁的书卷之气。

氛围描写之美。文中的场景、场面、氛围的描写，有静态的，更有动态的，有事物的，更有人物的。特别是对游泳场沸腾情景的描写，对观众震耳欲聋的掌声欢呼声的描写，都对吕伟的跳水起着侧面映衬的作用。

点题技法之美。作者两次写到外国朋友的由衷赞叹，赞叹的话由观众来说，由外国朋友来说。最后一段以印度观众的“了不起，你们中国的人才太多了”的一句赞语收束，既是侧面描写手法的运用，也是别具一格的点题手法。

…………

文中的表达之美，美不胜收，方寸之中，文气扑面而来。

映潮说课

教学创意：朗读训练，背诵积累，评点批注，知识积累

本课处于“活动·探究”单元，可作为自读课文。教师可用一个课时对学生进行新闻特写的品析训练。

课始，进行背景知识的铺垫。

新闻：报社、通讯社、广播电台、电视台等新闻机构对当前政治事件或社会事件所作的报道。新闻要求及时真实，言简意明，用事实说话。

新闻特写：截取新闻事件中最有价值的片段，集中笔力，着重描写其精彩瞬间，鲜明再现典型人物、事件、场景的一种新闻体裁。

活动一：读课文，认读理解字词

学生各自朗读课文。

教师出示——

(1) 读准字音。

夺魁（kuí）　翘（qiáo）首　屏（bǐng）息　刹（chà）那
瞬（shùn）间　哧（chī）地　悄（qiǎo）然　气氛（fēn）

(2) 写好字形。

夺魁　翘首　由衷　屏息敛声
疾如流星　潇洒自如　眼花缭乱

(3) 理解词意。

飞天：佛教壁画或石刻中在空中飞舞的神。
凌空：升到空中，从空中飞过。
夺魁：夺冠，取得第一。
自若：镇静自如，毫不拘束。
翘首：抬起头来。
修长：指人的身材细高。
酷似：极像。
悄然：形容寂静无声。
由衷：出自内心，发自肺腑。
新秀：新出现的优秀人才。

(4) 积累短语。

沉静自若　风度优雅　翘首而望　屏息敛声　凌空翔舞　疾如流星
潇洒自如　从容不迫　眼花缭乱　悄然不惊　如梦初醒　震耳欲聋

活动二：读课文，背诵精彩描写

请学生背诵课文中有关运动员起跳、腾空、入水的场景描写：

轻舒双臂，向上举起，只见吕伟轻轻一蹬，就向空中飞去。一瞬间，她那修长美妙的身体犹如被空气托住了，衬着蓝天白云，酷似敦煌壁画中凌空翔舞的“飞天”。

紧接着，是向前翻腾一周半，同时伴随着旋风般的空中转体三周，动作疾如流星，又潇洒自如，1.7 秒的时间对她似乎特别慷慨，让她从容不迫地展示身体优美的线条，从前伸的手指，一直延续到绷直的足尖。

还没等观众从眼花缭乱中反应过来，她已经展开身体，像轻盈的、笔直的箭，“哧”地插进碧波之中，几串白色的气泡拥抱了这位自天而降的仙女，四面水花则悄然不惊。

学生人人背诵。

活动三：读课文，评点批注品析

学生再次有感情地朗读课文。

活动要求：就课文中的一处美词、一个美句、一个美段，或一种手法，进行旁批；思考的方向是，这里的表达很有表现力……

学生观察课文中的旁批，读课文，各自选择内容进行评点批注。

教师组织课中交流，师生对话。

教师小结，出示下面内容，学生做好学习笔记：

这则新闻特写的层次美：十米高台，准备跳水；优雅起跳，腾空入水；沸腾场景，赞叹之声。

这则新闻特写的视角美：主要运用了“仰视”视角进行细腻的描写。

这则新闻特写的开头美：场景定格描写，氛围渲染，衬托手法。

这则新闻特写的语言美：大量运用四字短语，进行生动形象的描述。

这则新闻特写的修辞美：比喻优美，充满赞叹之情。

这则新闻特写的描写美：展现生动的画面，形成强烈的视觉效果。

这则新闻特写的手法美：客观议论，巧妙点题。

这则新闻特写的写作规律美：运动竞技的文章要运用衬托的手法。

师生共同朗读课文，收束教学。

6.《纪念白求恩》创新教学设计

映潮品读

《纪念白求恩》的鲜明特点

《纪念白求恩》的重要特点一：布局经典。课文在谋篇布局上堪称典范。第一，可以从“起承转合”的角度去观察。第二，可以从“逻辑层次”的角度去分析：前三段一个层次，最后一段一个层次。第三，可以从“纵向横向”角度去分析：纵向多角度，横向有关联。其显著特点是有序、连贯、严密。

《纪念白求恩》的重要特点二：要点分明。全文四个自然段即四个部分，其要点分别是：赞扬白求恩同志的国际主义精神，赞扬白求恩同志毫不利己专门利人的精神，赞扬白求恩同志对技术精益求精的精神，号召全党学习白求恩同志毫无自私自利之心的精神。

《纪念白求恩》的重要特点三：夹叙夹议。本文议是主干，为议而叙，议从叙出，叙得简明扼要，议得精辟深入。四个部分中的每一部分都是先叙后议，先叙述白求恩的经历、工作、技术水平和与作者的交往，为道理的阐明提供了充分的依据。全文情理并茂，感人至深，有着丰富的感染力和说服力。

《纪念白求恩》的重要特点四：对比深刻。第一段：白求恩同志的国际主义精神，某些人的狭隘民族主义和狭隘爱国主义。第二段：白求恩毫不利己专门利人的精神，某些共产党员自私自利的表现。第三段：白求恩对技术精益求精，某些人见异思迁、鄙薄技术工作。对比手法的运用，不仅突出了白求恩精神，而且有的放矢地对党内一些同志进行了批评教育，显示出明确的表达目的。

《纪念白求恩》的重要特点五：深情抒情。文章运用气势磅礴的排比句结尾。作者从人格、品质、修养、志趣和人生意义五个方面连用五个短语“一个……的人”组成排比句式，议论得热情洋溢、语气充畅、气势非凡。五个短语由短而长，内容丰富，有如赞美诗大大激发了人们学习的热情，使文章的收束铿锵有力。

《纪念白求恩》的重要特点六：训练资源丰富。可以利用课文进行以下方面的训练：默读，提取关键句，概说文意，篇、段的层次分析，手法赏析，句式学用，精段的细读，语言的赏析，美段的背诵等。特别是语言学用训练的资源丰富。

比如，精致的概述：

白求恩同志是加拿大共产党员，五十多岁了，为了帮助中国的抗日战争，受加拿大共产党和美国共产党的派遣，不远万里，来到中国。去年春上到延安，后来到五台山工作，不幸以身殉职。

生动的设问：

一个外国人，毫无利己的动机，把中国人民的解放事业当作他自己的事业，这是什么精神？这是国际主义的精神，这是共产主义的精神，每一个共产党员都要学习这种精神。

层进的反复：

这就是我们的国际主义，这就是我们用以反对狭隘民族主义和狭隘爱国主义的国际主义。

这对于一班见异思迁的人，对于一班鄙薄技术工作以为不足道、以为无出路的人，也是一个极好的教训。

优美的对称：

白求恩同志毫不利己专门利人的精神，表现在他对工作的极端的负责任，对同志对人民的极端的热忱。每个共产党员都要学习他。

雅致的用词：

不少的人对工作不负责任，拈轻怕重，把重担子推给人家，自己挑轻的。一事当前，先替自己打算，然后再替别人打算。出了一点力就觉得了不起，喜欢自吹，生怕人家不知道。对同志对人民不是满腔热忱，而是冷

冷清清，漠不关心，麻木不仁。

精警的排比：

一个人能力有大小，但只要有这点精神，就是一个高尚的人，一个纯粹的人，一个有道德的人，一个脱离了低级趣味的人，一个有益于人民的人。

映潮说课

教学创意：文意理解训练，精读背诵训练

本课为教读课文，用两个课时组织对学生的阅读训练活动。

◎ 第一课时

(1) 导入，教学铺垫，背景介绍，认字识词。

白求恩（1890—1939），国际主义战士，加拿大共产党员，著名医生。1937 年我国抗日战争爆发，白求恩率领加拿大美国医疗队，于 1938 年 3 月底到延安，不久赴晋察冀边区，在那里工作了一年多。在一次为伤员施行急救手术时被细菌感染，1939 年 11 月 12 日在河北唐县逝世。

毛泽东同志得知白求恩牺牲的消息后，非常悲痛，1939 年 12 月 1 日在延安各界追悼白求恩的大会上，亲笔写了挽词："学习白求恩同志的国际精神，学习他的牺牲精神、责任心与工作热忱。"1939 年 12 月 21 日，毛泽东同志又亲笔写下了著名的《纪念白求恩》一文，号召中国人民学习白求恩同志的共产主义精神和国际主义精神。

(2) 字音字形。

派遣（qiǎn）	殉（xùn）职	狭隘（ài）
热忱（chén）	拈（niān）轻怕重	鄙薄（bǐ bó）

(3) 词义解释。

不远万里：不以万里为远，不顾万里长途的遥远。

殉职：为公务而牺牲生命。

狭隘：心胸、气量、见识等不宽广。

热忱：热情。忱，情意。

麻木不仁：指缺乏热情，对集体和人民的利益不关心。

精益求精：好了还求更好。益，更。

一班：一些，一群。

见异思迁：看到别的事物就改变原来的主意。迁，改变。

鄙薄：轻视。

不足道：不值得一提。

(4) 生动短语。

不远万里　以身殉职　毫不利己　专门利人　拈轻怕重　满腔热忱

漠不关心　麻木不仁　精益求精　见异思迁

活动一：课文朗读

第一遍听读，听教师范读或专家录音朗读；第二遍自读，每个学生自己朗读课文。

活动二：默读圈画

请学生默读课文，划出各段中评价并主张向白求恩学习的关键句：

一个外国人，毫无利己的动机，把中国人民的解放事业当作他自己的事业，这是什么精神？这是国际主义的精神，这是共产主义的精神，每一个共产党员都要学习这种精神。

白求恩同志毫不利己专门利人的精神，表现在他对工作的极端的负责任，对同志对人民的极端的热忱。每个共产党员都要学习他。

白求恩同志是个医生，他以医疗为职业，对技术精益求精；在整个八路军医务系统中，他的医术是很高明的。

我们大家要学习他毫无自私自利之心的精神。

教师引导学生进一步浓缩文中的关键内容：

学习白求恩的国际主义、共产主义的精神，毫不利己专门利人的精神，对技术精益求精的精神。学习他毫无自私自利之心的精神，做有益于人民的人。

教师点示，学生笔记：

全文评价人物，阐释精神，赞扬医术，号召学习；是顺畅合理的逻辑顺序；层层推进，卒章显旨。

◎ 第二课时

活动一：文段品析，精读训练

教师出示课文第二段全段内容，学生朗读。

教师出示品析话题：这一段的表达之美有________

学生静读，思考，批注，发言。

师生对话，教师小结：

这段文字表现出精炼之美、层次之美、照应之美、对比之美、叙议之美、用词之美、句式之美、称呼之美等诸多美点。这段文字高屋建瓴，语重心长，含义丰富。

学生笔记。

活动二：语言积累，美段背诵

教师出示美段：

我和白求恩同志只见过一面。后来他给我来过许多信。可是因为忙，仅回过他一封信，还不知他收到没有。对于他的死，我是很悲痛的。现在大家纪念他，可见他的精神感人之深。我们大家要学习他毫无自私自利之心的精神。从这点出发，就可以变为大有利于人民的人。一个人能力有大小，但只要有这点精神，就是一个高尚的人，一个纯粹的人，一个有道德的人，一个脱离了低级趣味的人，一个有益于人民的人。

学生反复朗读，当堂背诵。

教师引导学生思考：这段文字由两个层次组成，请找出这两个层次之间的过渡句。

学生发现：本段之中的过渡句是“现在大家纪念他，可见他的精神感人之深”。

请学生分角色深情背诵：

（男领）我们大家要学习他毫无自私自利之心的精神。

（女领）从这点出发，就可以变为大有利于人民的人。

（男女领）一个人能力有大小，但只要有这点精神，

（全班合）就是一个高尚的人，一个纯粹的人，一个有道德的人，一个脱离了低级趣味的人，一个有益于人民的人。

教师顺势收束教学。

7.《苏州园林》创新教学设计

映潮品读

一种美妙实用的段式——从《苏州园林》说起

叶圣陶的《苏州园林》里有这样一个段落：

苏州园林里的门和窗，图案设计和雕镂琢磨功夫都是工艺美术的上品。大致说来，那些门和窗尽量工细而决不庸俗，即使简朴而别具匠心。四扇，八扇，十二扇，综合起来看，谁都要赞叹这是高度的图案美。｜摄影家挺喜欢这些门和窗，他们斟酌着光和影，摄成称心满意的照片。

这一段表现出明晰的结构层次。全段分为两层：第一层似乎是“正面描写”，第二层好像是“侧面烘托”；第一层好像是“叙”，第二层有点像“议”；如果说第一层是“写景”，那么第二层就是“抒情”；假设第一层是“说明”，第二层便可视作“观感”。

这种语言组合运用了一种非常美妙实用的段落结构模式。在《苏州园林》中我们还可找到其他类似的例子：

苏州园林与北京的园林不同，极少使用彩绘。梁和柱子以及门窗栏杆大多漆广漆，那是不刺眼的颜色。墙壁白色。有些室内墙壁下半截铺水磨方砖，淡灰色和白色对衬。屋瓦和檐漏一律淡灰色。｜这些颜色与草木的绿色配合，引起人们安静闲适的感觉。花开时节，更显得各种花明艳照眼。

如果我们要给这样一种语言表达模式进行写作规律“命名”的话，可以着眼于段中的第二层次，称之为“衬笔式”。

这种语言表达的模式，美就美在这“衬托”的一笔。它往往写出人们的感受，通过写出人们的喜爱，从侧面表现事物的美好、精致、迷人；它往往用评说、评介、点示性的语言进行评赞，点出事物的意义，揭示事物的价值；它往往着眼于人们的观感，或者以婉曲的方式引用诗句、说法，以表现事物的突出特征和观赏价值。

下面是充分的例证：

例一：从御花园出顺贞门，就到紫禁城的北门——神武门，对面就是景山。景山是明代修建紫禁城的时候，用护城河中挖出的泥土堆起来的，现在成了风景优美的景山公园。｜站在景山的高处望故宫，重重殿宇，层层楼阁，道道宫墙，错综相连而又井然有序。这样宏伟的建筑群，这样和谐统一的布局，不能不令人惊叹。

（选自《故宫博物院》）

例二：自碑亭再往北，地势陡然高峻，由此上至祭堂前平台，全部砌成宽大的石阶。石阶以小平台划分为 8 段，每段 30 步至 54 步不等，共 290 级。石阶尽处，就是宽 135 米、深 30 米的大平台，中央则矗立着陵园的主体建筑——祭殿。平台是全陵的制高点，｜这里视野辽阔，气象万千，既便近观，又宜远眺。当阳光灿烂时，远处方山如屏，秦淮似带；近处村舍相望，田圃纵横，道路津梁，行人车马，无不纤细入微，仿佛眼前展开了一轴工笔长卷。

（选自《巍巍中山陵》）

例三：园中的许多小品，也极具匠心。比如有一座假山，山上一挂细泉垂下，就在下面立着一个汉白玉的石雕小和尚，光光的脑门，笑眯眯的眼神，双手齐肩，托着一个石碗接水。那水注在碗中，又溅到脚下的潭里，总不能盛满碗。再如清清的小溪旁，有一只石雕大虎，两只前爪抓着水边的石块，引颈探腰，嘴唇刚好没入水面，那气势好像要吸尽百川似的。｜历代文人墨客都喜爱晋祠这个好地方，山径旁的石壁和殿廊的石碑上，留着不少名人的题咏，词工句丽，书法精湛，为湖光山色平添了许多风韵。

（选自《美丽的晋祠》）

例四：广西、云南、贵州等省山区往往碰到风雨桥，桥面上盖成遮雨的廊和亭，那是古代山水画中点缀人物的理想位置。｜因桥下多半是急流，人们到此总要驻足欣赏飞瀑流泉，画家和摄影师们必然要在此展开一番搏斗。

（选自《桥之美》）

例五：由皇家大画家、装潢家勒勃兰和大建筑师孟沙尔合作建造的镜廊是凡尔赛宫内的一大名胜。它全长 72 米，宽 10 米，高 13 米，联结两个大厅。长廊的一面是十七扇朝花园开的巨大的拱形窗门，另一面镶嵌着与拱形窗对称的十七面镜子，这些镜子由 400 多块镜片组成。镜廊拱形天花板上是勒勃兰的巨幅油画，挥洒淋漓，气势横溢，展现出一幅幅风起云涌的历史画面。｜漫步在镜廊内，碧澄的天空、静谧的园景映照在镜墙上，满目苍翠，仿佛置身在芳草如茵、佳木葱茏的园林中。

（选自《凡尔赛宫》）

其实以上各段运用的都是“说明 + 观感”的语段结构模式，在说明艺术性比较强、影响比较大、特征非常突出、功能令人赞叹的对象时，特别是在建筑、风景类的说明文或描叙文中，人们常常运用这种结构模式。

说明中的“观感”变换了说明的角度，已经不再是对说明对象进行解说，而是从侧面表达着说明对象给人的美好感受。由于有了“观感”，有了从“观感”中渗透出来的“评价”，读者便对事物有了更为美好的感受和认识。

观感，既体现了说明对象的艺术影响力，又活跃了说明段的结构，还适度地表达了观者的情感，可谓实用而美妙。

映潮说课

教学创意：速读，感受课文；浏览，把握文意；精读，细品美段

速读、浏览的评价：评价速读能力，重在考查学生能否把握阅读材料的大意；评价浏览能力，重在考查学生能否从阅读材料中捕捉重要信息。

精读的评价：重点评价学生对文章的综合理解能力，重视评价学生的情感体验和创造性的理解。

引入课文学习：作者从游览者的角度，首先概括出数量众多、各具匠心的苏州园林共同的特点，进而从多方面进行说明。这篇课文像是一把钥匙，打开了苏州园林的美的奥妙之门。教师强调两个关键词：概括，多

方面。

内容一：速读，感受课文

所谓速读，就是快速地、粗略地阅读，初步感受文章的内容。

请学生速读课文，谈谈自己对课文的初步感受。

话题：任选角度，说说《苏州园林》是一篇什么样的文章。

学生交流、发言。老师总结，表述自己的见解：

①这是一篇说明苏州园林共同特点的文章（是一种提炼式的、概括规律式的说明）。

②这是一篇主体部分为"总—分"式结构的文章。

③这是一篇从全文看或从各段看层次都很清晰的文章。

④这是一篇用一个比喻（图画、图画美）贯串全文的文章。全文共有15个"画"字，图画、画图、图案共10个。

⑤这是一篇让我们领会到欣赏中国园林方法的文章。

内容二：浏览，把握文意

浏览就是扫描式的、跳跃式的阅读，在此过程中了解关键内容，获取重要信息。

请学生浏览课文，谈谈你所了解的文章中的关键内容。

话题：说说怎样用最快捷的方式了解段落、全文的主要内容。

学生讨论、发言。老师总结，表述自己的见解：

把握文意，也就是从文中提取有关文章或文段内容的重要信息。

方法一：抓住文段中的总说句、中心句、结论句等重要句子，就可以迅速了解全段的主要内容。

文中第三至九段基本上是总说句或者说是中心句在前。这些句子也可以称作"首括句"。比如下面各段的总说句就点出了各段的主要内容：

苏州园林是我国各地园林的标本。

设计者和匠师们一致追求的是：务必使游览者无论站在哪个点上，眼前总是一幅完美的图画。

苏州园林可绝不讲究对称。

苏州园林里都有假山和池沼。

苏州园林栽种和修剪树木也着眼在画意。

游览苏州园林必然会注意到花墙和廊子。

苏州园林在每一个角落都注意图画美。

苏州园林里的门和窗，图案设计和雕镂琢磨功夫都是工艺美术的上品。

苏州园林极少使用彩绘。

方法二：组合各段的关键句如总说句、中心句、结论句等重要句子，就可以了解全文的主要内容。或者将各段的关键句如总说句、中心句、结论句等进行改写、组合，也可以了解全文的主要内容；或者利用总说句、中心句、结论句等句子，结合段落的内容进行概括，也可以了解全文的主要内容。

比如苏州园林的共同点——使游览者眼前总是一幅完美的图画：其建筑讲求自然之趣而绝不讲究对称，假山和池沼的安排、配合都表现出入画的效果，栽种和修剪树木着眼在画意，花墙和廊子增加了景致的层次美，且每一个角落都注意图画美，门和窗有着高度的图案美，色彩也表现出淡雅美。

又如苏州园林的共同点——使游览者眼前总是一幅完美的图画：亭台轩榭的布局之美，假山池沼的配合之美，花草树木的映衬之美，花墙廊子的层次之美，各个角落的点缀之美，门窗图案的工艺之美，广漆色调的平淡之美。

内容三：精读，选点探究

精读就是细细地反复地阅读，揣摩与体味文中的词、句、段，以及思路、手法……

请学生精读课文中的第四段。

请学生将文段认真朗读几遍：第一遍，感受文段中的结构层次；第二遍，探究文段中的说明方法；第三遍，体味文段中的语言运用。

话题：试对本段中词句的运用与表达效果进行体味、发现。

师生对话：

从“假山”“池沼”这两个关键词看，本文运用了“分类别”的说明方法。

“假山和池沼”既是总说，又体现出“分类别”的说明方法，还表明了分说的顺序。

“配合”“安排”“布置”“一幅画的效果”“入画的一景”等都与全文的中心句相呼应。

“可以说是一项艺术而不仅是技术”一句，先说艺术，突出艺术；“可以说”三个字起着赞美的作用。

“重峦叠嶂”来概括这些变化多端的假山，假山的堆叠有自然之趣，让人忘却其为假山。

“重峦叠嶂”四个字是说假山太逼真了，是从侧面说明假山的艺术效果。

“生平多阅历，胸中有丘壑”，既是对设计者和匠师们的赞美，又点出了假山艺术性强的原因。

“大多引用活水”，不仅有一股生气，池沼有了活水就有了生趣，而且还给人洁净、清新的感觉。

“有些园林池沼宽敞……往往安排桥梁”讲的是因地制宜，印证了前面所说的“设计者和匠师们因地制宜，自出心裁”。

两座以上的桥梁，“决不雷同”，讲的其实也是避免对称，讲究自然之趣。

石岸“总是高低屈曲任其自然”，还“布置几块玲珑的石头，或者种些花草”，写的是苏州园林中的假山与池沼虽出自人工，却宛如天成，这也正是园林中的山水应追求的境界。

教师收束课文学习，然后进行小结：

在本课中学习的提取要点获取信息、选点深入进行探究的阅读方法，适用于全文结构清晰、文段层次明朗的说明文、议论文、散文等文体的阅读。

8.《叶圣陶先生二三事》创新教学设计

映潮品读

《叶圣陶先生二三事》的章法结构美

品析张中行先生的《叶圣陶先生二三事》，感觉到它的章法精致，内容丰美。

全文的结构好。具体表现在以下几个方面：

文章的标题好。点明叙事特点，总领全文内容。

文章的首段好。开篇点明写作的缘由：叶圣陶先生的逝世，引发了作者的哀思与回忆。

第二段承上启下，作者回忆自己与叶先生的结识原因并深情评赞叶先生的君子品性——“叶老既是躬行君子，又能学而不厌，诲人不倦，所以确是人之师表。”有着“未成曲调先有情”的浓郁情味。

接下来是叶圣陶先生的一项品德：凡是同叶圣陶先生有些交往的，无不为他的待人厚而深受感动。作者围绕着“待人厚”这个关键词，从文字工作及日常交往两个方面展开讲述。

再接着是叶圣陶先生的另一项品德：他还有严的一面，是律己，这包括正心修身和“己欲立而立人，己欲达而达人”。作者围绕着“律己”这个关键词，从文章写作与文风建设两个方面展开叙述。

然后作者用了一个自然段着力点明叶先生“重视语文，努力求完美，并且以身作则”。

文章的末段好。作者结束全文，表达对叶圣陶先生的怀念之情，告诉人们要常常想想叶先生的写话主张。

本文不仅章法精致、内容丰美，而且其思路特别清晰，主要在于文中的重点句、关键句的明晰，如：

叶圣陶先生是单一的儒，思想是这样，行为也是这样。

叶老既是躬行君子，又能学而不厌，诲人不倦，所以确是人之师表。

凡是同叶圣陶先生有些交往的，无不为他的待人厚而深受感动。

文字之外，日常交往，他同样是一以贯之，宽厚待人。

以上说待人厚，是叶圣陶先生为人的宽的一面。他还有严的一面，是律己，这包括正心修身和“己欲立而立人，己欲达而达人”。

叶圣陶先生，人，往矣，我常常想到他的业绩。凡是拿笔的人，尤其或有意或无意而写得不像话的人，都要常常想想叶圣陶先生的写话的主张，以及提出这种主张的深重的苦心。

全文要点，一目了然。

品析张中行先生的《叶圣陶先生二三事》，感觉到它的段落精美，情深意长。

文中段落的精美，表现于层次分明。大部分段落一般是两个层次：第一层概略地写，第二层详细地叙。

第二段的概写句是：

相识之后，交往渐多，感到过去的印象失之太浅；至少是没有触及最重要的方面——品德。

第三段的概写句是：

凡是同叶圣陶先生有些交往的，无不为他的待人厚而深受感动。

第四段的概写句是：

文字之外，日常交往，他同样是一以贯之，宽厚待人。

第六段的概写句是：

以上说待人厚，是叶圣陶先生为人的宽的一面。他还有严的一面，是律己，这包括正心修身和“己欲立而立人，己欲达而达人”。

第七段的概写句是：

在文风方面，叶圣陶先生还特别重视“简洁”。

第八段的概写句是：

在我认识的一些前辈和同辈里，重视语文，努力求完美，并且以身作则，鞠躬尽瘁，叶圣陶先生应该说是第一位。

每个段的概写句所引领的，都是表现人物品德或精神的事例。或详或略，或多或少，无一不表现叶圣陶先生做人、做学问的美好品质。如第三段，先叙述吕叔湘先生的“深受感动”例，再叙述作者自己的“深受感动”例，分别从侧面、正面表现了叶先生“待人厚”的为人风度。

因为各段中的叙事真实细腻，发自内心，有故事味，所以十分感人。

这些教学资源同样可用于对学生的阅读训练。

映潮说课

教学创意：大容量阅读课；语言积累，微文写作

《叶圣陶先生二三事》是教读课文，容量大，教师可以尝试用一个课时进行教学。

课始铺垫，背景材料介绍：

叶圣陶（1894—1988），原名叶绍钧，江苏苏州人，作家，编辑家，教育家。代表作有长篇小说《倪焕之》、童话集《稻草人》等。

本课的四次教学实践活动：

实践活动一：积累

（1）字音字形。

丁卯（mǎo）	商酌（zhuó）	譬（pì）如	累赘（léi zhui）	妥帖（tiē）
触及	伏案	执笔	修润	遵嘱
鞠躬	打拱	沦为	朦胧	

（2）词义解释。

儒：学者。

修润：修改润色。

商酌：商量斟酌。

譬如：比如。

累赘：指拖累、麻烦。这里形容文字繁复或语言啰唆。

沦为：（陷入不良的境地）成为。

不耻下问：不以向地位低的人请教为耻。

一以贯之：指始终按照一个道理做下去。

颠沛流离：生活艰难，四处流浪。

躬行君子：身体力行的品德高尚的人。

鞠躬尽瘁：鞠躬，弯着身子；瘁，劳累；尽瘁，竭尽心力。指竭尽劳苦地贡献一切。

（3）短语识记。

躬行君子　学而不厌　诲人不倦　南腔北调　不耻下问　一以贯之
人之师表　颠沛流离　正心修身　付之一笑　平易自然　鲜明简洁
细致恳切　感慨系之　以身作则　鞠躬尽瘁

（4）美句理解。

躬行君子，则吾未之有得。——做一个身体力行的君子，那我还没有做到。

学而不厌，诲人不倦，何有于我哉！——学习不觉得满足，教人不知道疲倦，对我来说，做到了哪些呢？

己欲立而立人，己欲达而达人。——自己要站得住，同时也要使别人也站得住；自己要事事行得通，同时也要使别人事事行得通。

实践活动二：提取

任务：略读课文，从文中提取评价性语句，概说叶圣陶。

学生圈点勾画，各自速读、略读。

课中交流，教师小结：

概说叶圣陶

叶圣陶先生是单一的儒，思想是这样，行为也是这样。叶老既是躬行君子，又能学而不厌，诲人不倦，所以确是人之师表。

凡是同叶圣陶先生有些交往的，无不为他的待人厚而深受感动。文字之外，日常交往，他同样是一以贯之，宽厚待人。

以上说待人厚，是叶圣陶先生有为人的宽的一面。他还有严的一面，是律己，这包括正心修身和“己欲立而立人，己欲达而达人”。

重视语文，努力求完美，并且以身作则，鞠躬尽瘁，叶圣陶先生应该说是第一位。

实践活动三：整合

活动：摘抄、整合有关内容，介绍叶圣陶先生的写话主张。

学生人人动笔，写出微文。教师小结：

叶圣陶的写话主张

写文章坚决用普通话。

写完文章后，可以自己试念试听，看像话不像话，不像话，坚决改。

平易自然，鲜明简洁，细致恳切，念，顺口，听，顺耳，说像话还不够，就是话。

在文风方面，特别重视“简洁”。

重视语文，努力求完美。

零碎的，写作的各个方面，小至一个标点，以至抄稿的格式，都同样认真。

实践活动四：细读

教师出示课文精段：

我第一次见到叶圣陶先生，是五十年代初，我编课本，他领导编课本。这之前，我当然知道他，那是上学时期，大量读新文学作品的时候。相识之后，交往渐多，感到过去的印象失之太浅，至少是没有触及最重要的方面——品德。《左传》说不朽有三种，居第一位的是立德。在这方面，就我熟悉的一些前辈说，叶圣陶先生总当排在最前列。叶圣陶先生是单一的儒，思想是这样，行为也是这样。这有时使我想到《论语》上的话，一处是："躬行君子，则吾未之有得。"一处是："学而不厌，诲人不倦，何有于我哉！"两处都是孔老夫子认为虽心向往之而力有未能的，可是叶圣陶先生却偏偏做到了。因此，我常常跟别人说："叶老既是躬行君子，又能学而不厌，诲人不倦，所以确是人之师表。"

任务：对这段话进行美点赏析。

方式：在课本上写一点旁批的文字。

学生朗读，静读，动笔批注，发言，交流。

教师小结，讲析这一段文字的美妙之处，学生听记：

美在情真意切。

美在赞美人格。

美在层次清晰。

美在关键词句。

美在引用手法。

美在巧设对比。

美在夹叙夹议。

美在段末点题。

…………

9.《中国人失掉自信力了吗》创新教学设计

映潮品读

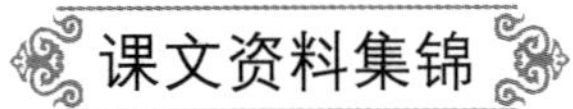

课文资料集锦

从阅读教学的角度而言，仅700字左右的《中国人失掉自信力了吗》无疑是一篇难教的课文。

难在时代背景的理解，难在驳论方法的理解，难在语言文字的理解，难在让学生对此类文章产生学习兴趣的教学方法。

所以，我教学这篇课文的设想是：在课文学习之前用大量的资料进行铺垫，在简洁的教学过程中组织对课文的多角度阅读。

下面是用于教学铺垫的有关资料：

资料一：作者

鲁迅（1881年9月25日—1936年10月19日）中国现代伟大的文学家、思想家和革命家。原名周树人，浙江绍兴人。

资料二：作品

《中国人失掉自信力了吗》写于1934年9月25日，此时的鲁迅已经54岁，两年以后1936年10月19日病逝于上海。这是鲁迅先生晚年的作品。

资料三：体裁

本文的体裁是“驳论文”。侧重于驳论的议论文是驳论文。驳论文往往破中有立，边破边立，即在反驳对方错误论点的同时，针锋相对地提出自己的正确观点。批驳错误论点的方法有三种：①反驳论点，②反驳论据，③反驳论证。

资料四：文体

本文的文体属于“杂文”。一般而言，杂文指现代散文中以议论和批评为主而又具有文学意味的一种文体，是随感录、短评、杂说、闲话、漫谈、讽刺小品、幽默小品、知识小品、文艺政论等文体的总称。鲁迅是中国杰出的杂文作家，他把杂文推到高度成熟的境界。

资料五："九一八"事变

1931 年 9 月 18 日夜，日军以其制造的"柳条湖事件"为借口，大举进攻沈阳，1931 年 9 月 19 日占领沈阳，1932 年 1 月，东北三省全部沦陷。由于蒋介石的"不抵抗政策"，在不到半年的时间内，整个东北三省的大好河山和几千万同胞陷于日寇铁蹄的蹂躏之下。

资料六：写作背景

"九一八"事变三周年之际，有些人对抗日前途持悲观论调，指责中国人失掉了自信力。这篇文章，就是为批驳这种错误论调，鼓舞民族自信心而写的。

资料七：《且介亭杂文》

1935 年，鲁迅居住在上海闸北四川路帝国主义越界筑路区域，即"半租界"，收集 1934 年写的杂文，命名为《且介亭杂文》，"且介"即取"租界"二字各一半而成，意喻中国的主权只剩下一半。后又有《且介亭二编》《且介亭末编》。

资料八：字音

慨（kǎi）叹　玄（xuán）虚　省（xǐng）悟　前仆（pū）后继
抹（mǒ）杀　诓（kuāng）骗　搽（chá）

资料九：词义

慨叹：感叹（有所感触而叹息）。
玄虚：虚幻不实，神秘莫测。
渺茫：在文中指"难作乐观的预测"。
诓骗：说谎话骗人。诓，骗，哄骗。
为民请命：替老百姓说话。请命，代人请求保全生命或解除痛苦。
舍身求法：指为追求真理而奋不顾身。
自欺欺人：既欺骗自己，也欺骗别人。

不足为据：不能够作为凭据。

脊梁：喻指支撑事物的中坚力量。

中国的脊梁：指脚踏实地地为民族的进步而奋斗的人们。

脂粉：指的是美化伪装，用以掩盖事实真相的欺骗手段，这里指中国正在发展的自欺力。

运用这些资料的目的是为了拉近课文与学生之间的距离，降低课文学习的难度。

映潮说课

教学创意：了解“为何而写”，理解“是何主旨”，品味“有何妙处”

本课的教学是难点课文的教学。

这个教学设计打算解决本课文阅读理解的三个关键问题：感受课文内容，了解“为何而写”；提炼课文内容，理解“是何主旨”；揣摩课文内容，品味“有何妙处”。

为此要组织以下三次课堂阅读实践活动：

活动一：感受课文内容，了解“为何而写”

教师指出：为何而写，指的是作者写一首诗、一篇文的背景与目的。

继续展示资料：

1931 年“九一八”事变以后，由于蒋介石实行“攘外必先安内”的不抵抗政策，仅仅三个月，东北三省全部沦陷，国民党官僚政客和社会“名人”却在北京多次举行“法会”，祈祷“解救国难”。

1934 年 4 月，国民党反动政客戴季陶和下野的北洋军阀头子段祺瑞等，又请第九世班禅喇嘛于 4 月 28 日至 5 月 18 日在杭州灵隐寺举办“时轮金刚法会”。

1934 年 8 月 27 日，当时颇有影响的资产阶级报纸《大公报》也发表了《孔子诞辰纪念》的社评，散布“中国人失掉自信力了”。

师生共同概括：1934年9月25日，鲁迅先生写下《中国人失掉自信力了吗》一文，给那些自轻自贱的悲观亡国论者予以有力的回击，表达了作者对中国革命前途的信心。

教师课中小结：

探究作者“为何而写”，常常能获取一把解读文章内容的钥匙。

活动二：提炼课文内容，理解“是何主旨”

教师指出：主旨指作者通过诗、文表达出来的情感、态度或观点。

教师组织学生根据课文内容从不同的角度概括课文主旨：

鲁迅在民族处于生死存亡的关头，发出了振聋发聩的责问：中国人失掉自信力了吗？

有“中国的脊梁”在，能说“中国人失掉自信力了吗”？

文章驳斥了国民党反动派及其走狗文人诬蔑中国人失掉自信力了的论调，从正面热情讴歌了并没有失掉自信力的中国民众。

本文深刻地批驳了所谓民族“精神幻灭”的谬论，充满激情地肯定和讴歌了浩气长存的“中国的脊梁”。

《中国人失掉自信力了吗》是鲁迅先生的光辉篇章——强调民族自信力，唤起民族自尊心、自豪感。

教师课中小结：

无论何种类型的文章，读出作者的心意是阅读的中心任务。

活动三：揣摩课文内容，品味“有何妙处”

教师指出：妙处指作者在一首诗、一篇文中为表现主旨所运用的技法和所达到的效果，妙处就是这样写好在哪里。

建议大家从四个方面进行揣摩：文章标题好在哪里？文章结构好在哪里？文章驳论方法好在哪里？文章的立论部分好在哪里？

话题一：文章标题好在哪里？

教师小结：

文章标题是一个问句，有很大的吸引力。文题点出了当时某些中国人的悲观论调。文题表现了作者对这一论调的批驳和揭露。文题体现了作者愤激的情感。文题暗示了文章的写作思路，先驳而后立。文题显现了文章的体裁。

话题二：文章结构好在哪里？

师生研讨的结果是：第一段摆出对方论据；第二段摆出对方论点；第三至五段，指出对方的论据不能证明论点，这是直接批驳；第六至八段，过渡并另立一个与对方论点对立的论点，这是间接批驳；第九段是结论，对如何识破反动派的欺骗宣传作了深刻的揭示。

整篇文章结构完整，层次明晰，过渡巧妙。

话题三：文章驳论方法好在哪里？

作者巧妙运用了一种"析概念"的驳论方法，通过揭示对方"中国人""自信力"等概念运用的谬误来否定敌论。

为什么"自信力"这一概念的运用是谬误的？作者首先指出，根据公开的文字来看：这些人失去的不是自信力，而是他信力。作者接着指出，这些人发展着的是自欺力。"他信力""自欺力"都不能支持"失掉自信力了"的观点。

话题四：文章的立论部分好在哪里？

精读课文中的立论部分，说说自己欣赏的点。

我们有并不失掉自信力的中国人在。

我们从古以来，就有埋头苦干的人，有拼命硬干的人，有为民请命的人，有舍身求法的人，……虽是等于为帝王将相作家谱的所谓"正史"，也往往掩不住他们的光耀，这就是中国的脊梁。

这一类的人们，就是现在也何尝少呢？他们有确信，不自欺；他们在前仆后继的战斗，不过一面总在被摧残，被抹杀，消灭于黑暗中，不能为大家所知道罢了。说中国人失掉了自信力，用以指一部分人则可，倘若加于全体，那简直是诬蔑。

学生先集体朗读，再自读欣赏。

教师小结：

好在论点鲜明论据确凿。

好在有总有分层次清晰。

好在概说论据内容丰满。

好在词句生动语言犀利。

好在手法丰富简练深刻。

好在既是立论更是驳论。

教师课中小结：

学会欣赏文章的妙处，能够培养我们的阅读评价能力。

10.《中国石拱桥》创新教学设计

映潮品读

《中国石拱桥》段式欣赏

《中国石拱桥》共由十个自然段构成，几乎每段都可以划分出明晰的层次，尤以总分式结构为主。

第一种形式：总分例证式——分说的部分由“例证”组成。

石拱桥的桥洞成弧形，就像虹。古代神话里说，雨后彩虹是“人间天上的桥”，通过彩虹就能上天。我国的诗人爱把拱桥比作虹，说拱桥是“卧虹”“飞虹”，把水上拱桥形容为“长虹卧波”。

这一段写石拱桥的形态。全段分为两层：第一层为总说，第二层为分说。总说句“石拱桥的桥洞成弧形，就像虹”是作者的一个观点，分说部分则举出了两个例子来证明作者的观点：一个例子着眼于“神话”，另一个例子着眼于“诗”。全段的总说很概括，分说很生动。全段结构严密，层次清楚，线索明晰。

第二种形式：总分要点式——分说的部分由“要点”组成。

这座桥的特点是：（一）全桥只有一个大拱，长达37.4米，在当时可算是世界上最长的石拱。桥洞不是普通半圆形，而是像一张弓，因而大拱上面的道路没有陡坡，便于车马上下。（二）大拱的两肩上，各有两个小拱。这个创造性的设计，不但节约了石料，减轻了桥身的重量，而且在河水暴涨的时候，还可以增加桥洞的过水量，减轻洪水对桥身的冲击。同时，拱上加拱，桥身也更美观。（三）大拱由28道拱圈拼成，就像这么多同样形状的弓合拢在一起，做成一个弧形的桥洞。每道拱圈都能独立支撑上面的重量，一道坏了，其他各道不致受到影响。（四）全桥结构匀称，和四周景色配合得十分和谐；桥上的石栏石板也雕刻得古朴美观。唐朝的张鷟说，远望这座桥就像“初月出云，长虹饮涧”。

这一段话说明了赵州桥的特点，总说句为“这座桥的特点是”，它引出了赵州桥的四个特点方面的分说，分说的内容分别用（一）（二）（三）（四）领起，写了四个要点。正是因为有了这（一）（二）（三）（四），才让人觉得段中的要点特别分明，全段的层次特别清楚，全段的内容特别易懂。

第三种形式：总分主次式——分说的部分有明显的“主次”标志。

为什么我国的石拱桥会有这样光辉的成就呢？首先，在于我国劳动人民的勤劳和智慧。他们制作石料的工艺极其精巧，能把石料切成整块大石碑，又能把石块雕刻成各种形象。在建筑技术上有很多创造，在起重吊装方面更有意想不到的办法。如福建漳州的江东桥，修建于800年前，有的石梁一块就有200来吨重，究竟是怎样安装上去的，至今还不完全知道。其次，我国石拱桥的设计施工有优良传统，建成的桥，用料省，结构巧，强度高。再其次，我国富有建筑用的各种石料，便于就地取材，这也为修造石桥提供了有利条件。

这一段写中国石拱桥成就光辉的原因，全段为典型的问答式结构。所问“为什么我国的石拱桥会有这样光辉的成就呢”是全段的总说，总领下文的答，而且答的层次极为分明——“首先”“其次”“再其次”就是语言标志。显而易见，正是由于有了“首先”“其次”“再其次”这些关键词的强调，本段说明的思路才极为清晰——由“主要”说到“次要”。

第四种形式：总分阶段式——分说的部分标示出了明确的时间“阶段”。

两千年来，我国修建了无数的石拱桥。解放后，全国大规模兴建起各种形式的公路桥与铁路桥，其中就有不少石拱桥。1961年，云南省建成了一座世界最长的独拱石桥，名叫“长虹大桥”，石拱长达112.5米。在传统的石拱桥的基础上，我们还造了大量的钢筋混凝土拱桥，其中“双曲拱桥”是我国劳动人民的新创造，是世界上所仅有的。近几年来，全国造了总长20余万米的这种拱桥，其中最大的一孔，长达150米。我国桥梁事业的飞跃发展，表明了我国社会主义制度的无比优越。

这一段说明了中国石拱桥的建筑历史及其新的发展。总说句“两千年来，我国修建了无数的石拱桥”是概说，其后的内容是分说。分说的内容呈现鲜明的时间式结构：“解放后”“1961 年”“近几年来”就是关键词，它们将很宽广的时间范围划分为几个“阶段”，由远及近，同样让人觉得层次清晰明了。

映潮说课

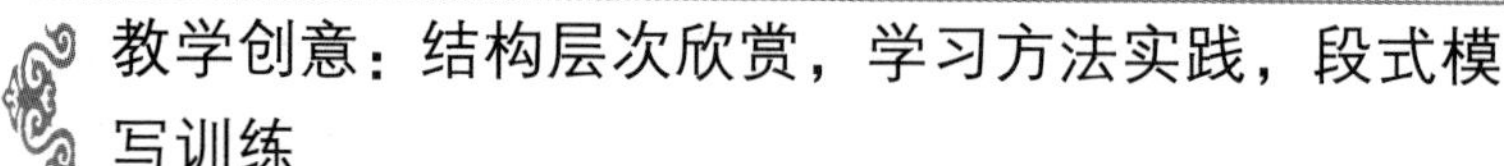

教学创意：结构层次欣赏，学习方法实践，段式模写训练

创意一：结构层次欣赏

学习活动：约 20 分钟的独立学习活动，约 15 分钟的课堂交流活动。

教学主要内容：

(1) 作者简介。

(2) 教学铺垫。

①美词理解。

②课文认识。

说说读完《中国石拱桥》这篇课文后的初步感受，即这是一篇什么体裁的文章，这是一篇写什么的文章，这是一篇怎样写石拱桥的文章。

(3) 思维训练活动。

话题：请证明以下观点是正确的——《中国石拱桥》全文构思严密，谋篇布局极有层次。

学生思考问题的角度可以有：

①分析第一、二两段与其后六个段落的关系。

②分析第九、十两段与其前面六个段落的关系。

③分析说明“赵州桥”与“卢沟桥”两者的位置关系。

④分析说明“赵州桥”的两个段落之间的关系。

⑤分析说明“卢沟桥”的三个段落之间的关系。

活动方式：根据以上提示，学生对课文内容进行分析，证明“《中国石拱桥》全文构思严密，谋篇布局极有层次”的观点是正确的。

学生思考。

（4）课堂交流，教师进行课中小结。

创意二：学习方法实践

预习要求：

（1）给课文各段落标上序号，初步体会文章的结构。

（2）读课文注释，给生字注音，认读生字。

（3）感受文中段落的结构特点或写作顺序。

学生学习活动设计：

（1）学用概括的方法来读课文。

（2）学用比较的方法来读课文。

（3）学用分析的方法来读课文。

主要教学内容：

（1）作者简介。

茅以升（1896—1989），字唐臣，江苏镇江人。中国著名的桥梁专家、教育家。

（2）生字美词。

匀称：均匀，比例和谐。

古朴：朴素而有古代的风格。

推崇：十分推重。

奇观：指雄伟美丽而又罕见的景象或出奇少见的事情。

胜景：优美的风景。

巧妙绝伦：精巧美妙到了极点，其他的无法与之相比。绝，极。伦，类同、同等。

惟妙惟肖：模仿或描写得非常美妙，非常逼真。肖，相似。

初月出云，长虹饮涧：（赵州桥）看起来好像是穿出云层的新月，又像是入涧饮水的长虹。

（3）学法实践活动一：学用概括的方法来读课文。

概说读完《中国石拱桥》后的初步感受：

①说说这是一篇什么体裁的文章。

②说说这是一篇写什么的文章。

③说说这是一篇怎样写石拱桥的文章。

每个学生可任选以上三个题目之中的一个来思考。

学生思考、交流。

教师进行课中小结。

(4) 学法实践活动二：学用比较的方法来读课文。

请学生阅读课文中说明赵州桥与卢沟桥的两部分：

①试比较赵州桥与卢沟桥两者的异同。

②试比较对赵州桥与卢沟桥进行说明时表达方法的异同。

学生分组活动并进行课堂交流。

教师进行课中小结。

(5) 学法实践活动三：学用分析的方法来读课文。

教师讲析：《中国石拱桥》的表达特点——文中段落规范，展开极有层次。请学生独立思考，有选择地完成如下划分层次的任务并说明层次划分的理由（每个学生至少划分一个段落）：

①分析第五段的层次。

②分析第六段的层次。

③分析第七段的层次。

④分析第九段的层次。

⑤分析第十段的层次。

(6) 教师课中小结：

可以学用的段落结构方式有总分式、并列式、分点式、主次式、阶段式等。

创意三：段式模写训练

预习要求：请学生就自己喜欢的内容，如一个小动物、一份报纸、一件衣服、一个生活用品、一处景点、一个学习用品、一个纪念品等，准备好写作材料。

教学的主要内容：

教师介绍：《中国石拱桥》在四个方面可以成为我们学写说明文的范本。第一，它的选例技巧；第二，它的说明顺序；第三，它的段落结构模式；第四，它的微型片段。这节课我们学习它的段落结构模式。

（1）学习内容一——理解《中国石拱桥》各个段落的内部层次。

①教师引导同学们从整体上认识课文。

②教师点拨：全文共由十个自然段构成，几乎每段都可以划分出明晰的层次。如第五段是说明赵州桥结构的特点及其科学性的，全段由总说到分说再到总说，结构非常清晰，让人一目了然。

③学生分组进行合作式探究性学习，分析《中国石拱桥》各个段落的内部层次。

师生对话中，教师要准备好以下内容：第一段分为两层，为“概——详”式，第二段两句话两个层次，第三段为“时——空”式，第四段可分为三个层次，第五段可视为“总——分——总”的结构，第六段可分为四个层次，第七段为“外——内”式，第八段也为“概——详”式，第九段为“问——答”式，第十段为时间式。

（2）学习内容二——学写《中国石拱桥》中的一种说明段形式，总分主次式（见“映潮品读”内容）。

①教师示例。

②学生写作，进行课堂交流，教师适时点评。

中编

文学作品创新教学设计

11.《安塞腰鼓》创新教学设计

映潮品读

《安塞腰鼓》奇妙的抒情艺术

凡是读过《安塞腰鼓》的人，就一定能感受到文中激扬的情感。这篇美文与其说是在描述安塞腰鼓的“气壮山河”，还不如说是作者在借安塞腰鼓抒发自己心中无法遏止的激情。《安塞腰鼓》奇妙的抒情艺术，值得我们体味、欣赏。

一用奇巧的构思抒情

请看下面一组句子：

安塞腰鼓！

好一个安塞腰鼓！

好一个安塞腰鼓！

好一个黄土高原！好一个安塞腰鼓！

好一个痛快了山河、蓬勃了想象力的安塞腰鼓！

作者运用“主题抒情句反复”的构思技巧，将这一组形式与内容大致相同的抒情句，间隔反复、分散地穿插于文章的各个部分之中。这奇巧的构思不仅明晰地显现出文章的层次，而且鲜明地表现出作者由赞叹到称颂再到热烈讴歌的情感发展。“好一个”形成全文抒情的主旋律，可谓一唱三叹，情潮澎湃。

二用奇特的写段抒情

请看下面这个段落：

百十个腰鼓发出的沉重响声，碰撞在四野长着酸枣树的山崖上，山崖蓦然变成牛皮鼓面了，只听见隆隆，隆隆，隆隆。

百十个腰鼓发出的沉重响声，碰撞在遗落了一切冗杂的观众的心上，观众的心也蓦然变成牛皮鼓面了，也是隆隆，隆隆，隆隆。

隆隆隆隆的豪壮的抒情，隆隆隆隆的严峻的思索，隆隆隆隆的犁尖翻起的杂着草根的土浪，隆隆隆隆的阵痛的发生和排解……

这个段落奇特在哪里？奇在句子的对称，奇在内容由实到虚，更奇在整个段落都在发出震撼人心的“隆隆”声。作者激情迸发，在段中一口气用了 14 个“隆隆”。那鼓声不仅在山崖震响，也在人心中震响，不仅在人们的想象与思索中震响，也在整篇文章中震响。它们回荡反复，经久不绝，表现出动人心魄的情感节奏，形成美妙的抒情语言，生动地表现了鼓声之浩荡、鼓声之浓烈和鼓声之壮美。

三用奇美的造句抒情

作者奇美的造句艺术主要表现在对“排比式抒情句”的精心锤炼上。

看，下面的句子讲究对称，讲究动感：

骤雨一样，是急促的鼓点；旋风一样，是飞扬的流苏；乱蛙一样，是蹦跳的脚步；火花一样，是闪射的瞳仁；斗虎一样，是强健的风姿。

看，下面的句子讲究力度，讲究节奏：

一捶起来就发狠了，忘情了，没命了！

它震撼着你，烧灼着你，威逼着你。

看，下面的句子讲究音韵，讲究层次：

每一个舞姿都充满了力量。每一个舞姿都呼呼作响。每一个舞姿都是光和影的匆匆变幻。每一个舞姿都使人战栗在浓烈的艺术享受中，使人叹为观止。

看，下面的句子讲究变化，讲究布局：

使人想起：落日照大旗，马鸣风萧萧！

使人想起：千里的雷声万里的闪！

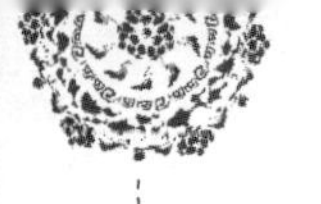

使人想起：晦暗了又明晰、明晰了又晦暗、尔后最终永远明晰了的大彻大悟！

而贯串于所有句子之中的，就是讲究激情。句中场面描写热烈，情感抒发酣畅，话语层次分明，语言节奏铿锵，极力渲染了安塞腰鼓的雄劲气势，淋漓尽致地表达了作者赞美安塞腰鼓的激情。读起来给人热情奔放、一气呵成、情致勃发之感。

四用奇丽的遣词抒情

作者的遣词艺术有三“奇”。

一是尽情地运用有强烈力度、有强烈动感的词语。作者精心选用了诸如飞扬、壮阔、豪放、火烈、亢奋、冲破、撞开、搏击、震撼、烧灼、威逼等几十个双音节词语，它们在文中形成一个“词群”，有着“集团军”的力量，奠定了豪壮的磅礴的抒情基调。

二是高频度地使用同一个词。如前面所说一口气运用的14个“隆隆”，产生绵延不绝的奇伟的“音响”效果，表达出作者如痴如醉的赞美情怀。

三是在一个句子中几乎是无止境地运用动词，如下面的句子：

痛苦和欢乐，生活和梦幻，摆脱和追求，都在这舞姿和鼓点中，交织！旋转！凝聚！奔突！辐射！翻飞！升华！

这个句子堪称奇句，作者连续运用了“交织”“旋转”“凝聚”“奔突”等七个动词，连续配用了七次感叹号，将自己的情感发挥到极致，充满激情地写出了人们在鼓声震撼下思绪的飞扬，对鼓声的撞击力、穿透力、激发力进行了热烈的赞颂。

通过上面的品读，我们知道，《安塞腰鼓》表达出一种激情迸发、尽力颂扬的激烈情怀。作者运用奇妙的艺术笔法，通过对安塞腰鼓的描摹，表达出对走进新时代的大西北农民昂扬的精神面貌的礼赞。作者是在赞美安塞腰鼓，但更是在赞美安塞腰鼓给人的激情，是在赞美宽厚辽阔的黄土高原，但更是在赞美生活在黄土高原那“元气淋漓”“释放出那么奇伟磅礴的能量”的人民。作者表现于文中的高超的抒情技巧，也像那鼓声一样，震响在我们的心里。

映潮说课

教学创意：美读

创意一：美读

（1）整体地感知课文。

①激情导入。

②学生速读课文，探寻文中写了什么样的安塞腰鼓。

③学生速读课文，讨论什么样的句子明晰地显现了文章的层次。

④请学生从课文的每一层次中找出一个词，概括层意。

教师形成板书：

《安塞腰鼓》：舞蹈　响声　后生　舞姿

（2）集中地感受课文。

①学生朗读课文。

②学生讨论。话题：我所感受到的课文的语言表达之美。

③教师切入，将教学内容引向排比，集中力量感受排比之美。

④教师引导学生品析排比之美的形式与内容，体味排比中的情感抒发。

感受句内排比：

一捶起来就发狠了，忘情了，没命了！

黄土高原上，爆出一场多么壮阔、多么豪放、多么火烈的舞蹈哇——安塞腰鼓！

这腰鼓，使冰冷的空气立即变得燥热了，使恬静的阳光立即变得飞溅了，使困倦的世界立即变得亢奋了。

是挣脱了、冲破了、撞开了的那么一股劲！

后生们的胳膊、腿、全身，有力地搏击着，疾速地搏击着，大起大落地搏击着。

它震撼着你，烧灼着你，威逼着你。

痛苦和欢乐，生活和梦幻，摆脱和追求，都在这舞姿和鼓点中，交织！旋转！凝聚！奔突！辐射！翻飞！升华！

感受段内句子排比：

骤雨一样，是急促的鼓点；旋风一样，是飞扬的流苏；乱蛙一样，是蹦跳的脚步；火花一样，是闪射的瞳仁；斗虎一样，是强健的风姿。

容不得束缚，容不得羁绊，容不得闭塞。

每一个舞姿都充满了力量。每一个舞姿都呼呼作响。每一个舞姿都是光和影的匆匆变幻。每一个舞姿都使人战栗在浓烈的艺术享受中，使人叹为观止。

感受排比段：

使人想起：落日照大旗，马鸣风萧萧！

使人想起：千里的雷声万里的闪！

使人想起：晦暗了又明晰、明晰了又晦暗、尔后最终永远明晰了的大彻大悟！

⑤概说课文中各种类型排比的表达作用与效果。

（3）个性化地演读课文。

①体味式朗读。

a. 在以上学习的基础上，学生选自己喜欢的课文片段，进行演读。

b. 教师参与演读。

②分角色演读。

a. 教师下发材料，预读，排练。

b. 像诗朗诵一样组织演读：

《安塞腰鼓》朗诵材料

（男领）看！——（女领）黄土高原上，爆出一场多么壮阔、多么豪放、多么火烈的舞蹈哇——（众合）安塞腰鼓！

（男女领）百十个斜背响鼓的后生，如百十块被强震不断击起的石头，狂舞在你的面前。（男合）骤雨一样，是急促的鼓点；（女合）旋风一样，是飞扬的流苏；（男合）乱蛙一样，是蹦跳的脚步；（女合）火花一样，是闪射的瞳仁；（众合）斗虎一样，是强健的风姿。

（男领）百十个腰鼓发出的沉重响声，碰撞在四野长着酸枣树的山崖上，（众合）只听见隆隆，隆隆，隆隆。（女领）百十个腰鼓发出的沉重响声，碰撞在遗落了一切冗杂的观众的心上，（众合）也是隆隆，隆隆，隆隆。

（女合）每一个舞姿都充满了力量。每一个舞姿都呼呼作响。（男合）每一个舞姿都是光和影的匆匆变幻。每一个舞姿都使人战栗在浓烈的艺术享受中，使人叹为观止。（众合）好一个安塞腰鼓！

（男女领）容不得束缚，容不得羁绊，容不得闭塞。是挣脱了、冲破了、撞开了的那么一股劲！（众合）它使你从来没有如此鲜明地感受到生命的存在、活跃和强盛。那消化着红豆角角老南瓜的躯体，居然可以释放出那么奇伟磅礴的能量！（男女领）好一个黄土高原！（众四步轮读）好一个安塞腰鼓！

创意二：分层审美式阅读

教学时间：两课时。

◎第一课时

（1）学生听读课文，感受文意。

（2）学生朗读课文，概括文意。

（3）学生语言积累，选段背诵。

（4）学生自读课文，每人写200字左右的课文阅读欣赏笔记。话题：说说课文中的美。

◎第二课时

教学策略：分层美读。

教学铺垫：学生说说课文中的美。教师调控，集中话题。

（1）从课文语言的角度进行审美阅读。

活动方式：学生自由发言。

①用词之美。请看写“狂舞”的这一段：“骤雨”“急促”“旋风”“飞

扬”“乱蛙”“蹦跳”“火花”“闪射”“斗虎”“强健”，这一连串有着强劲动感和动作力度的词语，写出了“一场多么壮阔、多么豪放、多么火烈的舞蹈哇”！又如写“腰鼓响声”那一部分，一口气用了14次“隆隆”，它们也似乎在回荡反复，经久不绝，让鼓声震撼在我们的心中，表现出一种动人心魄的力量。

②写句之美。文中的句式主要是短句，用得最多的就是排比句。作者综合运用了句中的排比、句间的排比和段落的排比，语言节奏铿锵，情感抒发酣畅，场面描写热烈，话语层次分明，极好地表现了安塞腰鼓的宏大气势和作者的赞美激情。当我们朗读“骤雨一样……”这组比喻排比句时，这种感觉尤为强烈。

(2) 从课文构思的角度进行审美阅读。

活动方式：学生质疑，学生解答，教师解说。

①动静映衬之美。文章的开头与结尾都是写“静”。文章首句是“狂舞”将始前的静静的画面，文章末尾是“狂舞”之后“世界出奇地寂静”的感受。而文章主体部分则主要写了安塞腰鼓捶起来之后的奔腾豪壮和飞扬豪放。映衬之美既表现了作者在全文构思上的匠心，又表现了作者描写声音的技巧。

②层次推进之美。全文大致分为三层：将舞，狂舞，停舞；主体部分是写“舞”，其层次特别明晰。这种明晰是由于作者运用了一种很具美感的构思技巧——“主题抒情句反复”。你看：安塞腰鼓！→好一个安塞腰鼓！→好一个安塞腰鼓！→好一个黄土高原！好一个安塞腰鼓！→好一个痛快了山河、蓬勃了想象力的安塞腰鼓！它们反复穿插于文章之中，鲜明地体现了文章的层进之美。

(3) 从课文意境的角度进行审美阅读。

活动方式：教师讲析。

①画面之美。作者在文中创造了多种多样的画面之美。有的作慢速处理，如文章开头的画面；有的作快速处理，如“狂舞”的五个画面。有的画面是实写，如“后生们的胳膊”那一段；有的画面是虚写，如“使人想起：落日照大旗，马鸣风萧萧”三段。文中所有的画面都呈现出亮色，显现出力度，表现出明快激越的意境。

②情调之美。文中表现出一种激情迸发、尽情赞美的昂扬情感。作者

是在赞美安塞腰鼓，但更是在赞美安塞腰鼓给人的激情，是在赞美宽广辽阔的黄土高原，但更是在赞美生活在黄土高原的“释放出那么奇伟磅礴的能量”的人民，可以说是情调美好，立意高远。

12.《白杨礼赞》创新教学设计

映潮品读

《白杨礼赞》的抒情句式

《白杨礼赞》最美之处在哪里？既有描写白杨树景美、形美、神美的精美语言，也有白杨树的象征意义，还有奥妙无穷的句式——作者以其高超的语言表达艺术，娴熟地运用各种句式，充分地表达了自己心中对白杨树的深情赞美。如果我们设计一节积累课，整节课都用来学习、运用课中的句式，那也许就是一节效率很高且很实用的审美课。

《白杨礼赞》中的抒情句式粗览：

（1）抒情线索句穿插于全文之中。

白杨树实在是不平凡的，我赞美白杨树！

那就是白杨树，西北极普通的一种树，然而实在是不平凡的一种树！

这就是白杨树，西北极普通的一种树，然而决不是平凡的树！

白杨是不平凡的树。

我要高声赞美白杨树！

（2）对比句引出赞美的激情。

哪怕只有碗那样粗细，它却努力向上发展，高到丈许，两丈，参天耸立，不折不挠，对抗着西北风。

让那些看不起民众、贱视民众、顽固的倒退的人们去赞美那贵族化的楠木，去鄙视这极常见、极易生长的白杨树吧，我要高声赞美白杨树！

（3）复杂定语句充分表现着赞叹之情。

这是虽在北方风雪的压迫下却保持着倔强挺立的一种树。

（4）特意否定句抒发着强烈的情感。

要是你猛抬眼看见了前面远远有一排——不，或者只是三五株，一株，傲然地耸立，像哨兵似的树木的话，那你的恹恹欲睡的情绪又将如何？

（5）抑扬结合句进行着畅快的抒情。

它没有婆娑的姿态，没有屈曲盘旋的虬枝。也许你要说它不美。如果美是专指“婆娑”或“旁逸斜出”之类而言，那么，白杨树算不得树中的好女子。但是它伟岸，正直，朴质，严肃，也不缺乏温和，更不用提它的坚强不屈与挺拔，它是树中的伟丈夫！

（6）总分句相互呼应反复抒情。

那是力争上游的一种树，笔直的干，笔直的枝。它的干通常是丈把高，像加过人工似的，一丈以内绝无旁枝。它所有的丫枝一律向上，而且紧紧靠拢，也像加过人工似的，成为一束，绝不旁逸斜出；它的宽大的叶子也是片片向上，几乎没有斜生的，更不用说倒垂了；它的皮光滑而有银色的晕圈，微微泛出淡青色。

（7）排比反问句在抒情中点示题旨。

当你在积雪初融的高原上走过，看见平坦的大地上傲然挺立这么一株或一排白杨树，难道你就觉得它只是树？难道你就不想到它的朴质，严肃，坚强不屈，至少也象征了北方的农民？难道你竟一点也不联想到，在敌后的广大土地上，到处有坚强不屈，就像这白杨树一样傲然挺立的守卫他们家乡的哨兵？难道你又不更远一点想到，这样枝枝叶叶靠紧团结，力求上进的白杨树，宛然象征了今天在华北平原纵横决荡，用血写出新中国历史的那种精神和意志？

教学创意：朗读体味，段落精读，手法欣赏

《白杨礼赞》是传统名篇，建议用两个课时进行阅读品析教学。

◎ 第一课时

学习任务主要是朗读课文，初知写法。

课始导入，介绍作家和文体知识，以及本文的写作背景。

活动一：默读课文，积累字词

学生朗读课文，教师出示有关认字识词的内容，学生一齐朗读、识记：

（1）字形字音。

外壳　主宰　倦怠　恹恹　晕圈　倔强　婆娑　虬枝　楠木　秀颀

（2）形容词。

雄壮　伟大　笔直　倔强　努力　婆娑　伟岸　正直　朴质
严肃　温和　坚强　挺拔　平坦　傲然　直挺　秀颀

（3）四字短语。

黄绿错综　和风吹送　一轮一轮　真心佩服　妙手偶得　无边无垠
坦荡如砥　宛若并肩　诸如此类　潜滋暗长　恹恹欲睡　力争上游
绝无旁枝　一律向上　紧紧靠拢　旁逸斜出　片片向上　倔强挺立
向上发展　向上发展　参天耸立　不折不挠　屈曲盘旋　伟岸正直
朴质严肃　坚强不屈　积雪初融　傲然挺立　力求上进　宛然象征
纵横决荡　折磨不了　压迫不倒　高声赞美

活动二：朗读课文，体味情感

请学生关注课前预习要求：这篇文章特别适合朗读。请大家大声朗读，读出文中的激情与豪气。

教师示范朗读，学生各自深情朗读课文。

活动三：再读课文，初知写法

话题：根据课后的“思考探究”题来观察全文，试说自己体味到的《白杨礼赞》的写法。

学生静读思考，课中发言，师生对话。

教师小结：

从全文整体构思看，本文运用的是咏物抒情、托物寄意的写法，也可以说是运用了象征的手法。

在美化结构、抒发激情方面，作者运用了赞美句反复穿插的写法。它们照应着文章标题，形成全文的抒情线索，有着一唱三叹的表达效果。

文章开篇入题，并没有直接描写白杨的形象，而是用一大段篇幅描写高原景象，这在写法上叫作“宕开一笔”。其作用是交代白杨树生长的典型环境，渲染一种不平凡的环境气氛，暗示陕甘宁边区抗日根据地，为后文揭示白杨树的象征意义、表达主题思想做铺垫。

从有关段落看，作者还运用了抑扬有致、对比鲜明的写法。

学生听记，将有关内容批注在课后“思考探究”题的旁边。

活动四：自读自讲，再品写法

每个学生根据自己的学习所得，自读自讲，对照课文给自己讲咏物抒情、象征手法、抒情句反复穿插、宕开一笔、抑扬对比等写法知识。

◎ 第二课时

学习任务主要是美段精读，品读论句。

活动一：第一个重点片段精读

那是力争上游的一种树，笔直的干，笔直的枝。它的干通常是丈把高，像加过人工似的，一丈以内绝无旁枝。它所有的丫枝一律向上，而且紧紧靠拢，也像加过人工似的，成为一束，绝不旁逸斜出；它的宽大的叶子也是片片向上，几乎没有斜生的，更不用说倒垂了；它的皮光滑而有银色的晕圈，微微泛出淡青色。这是虽在北方风雪的压迫下却保持着倔强挺立的一种树！哪怕只有碗那样粗细，它却努力向上发展，高到丈许，两丈，参天耸立，不折不挠，对抗着西北风。

教师指导学生朗读：一读，读出这一段的层次，女生读第一个层次，男生读第二个层次；二读，读第一个层次的内容，要求在总说与分说之间停顿；三读，读出作者赞美的激情；四读，读出四字短语的重音。

教师出示话题：品析这个段的表达之美，指出它在文中的作用。

学生品析，发言。师生对话，教师点示：

这一段的表达之美：层次之美，形神之美，虚实之美，总分之美，短语之美，句式之美，咏物之美，激情之美。

这一段在文中的作用：通过对白杨树外形的描写，塑造白杨树正直、团结、进取、坚强的形象，为进一步揭示它的象征意义作好了铺垫。

活动二：第二个重点片段精读

它没有婆娑的姿态，没有屈曲盘旋的虬枝。也许你要说它不美。如果美是专指“婆娑”或“旁逸斜出”之类而言，那么，白杨树算不得树中的好女子。但是它伟岸，正直，朴质，严肃，也不缺乏温和，更不用提它的坚强不屈与挺拔，它是树中的伟丈夫！当你在积雪初融的高原上走过，看见平坦的大地上傲然挺立这么一株或一排白杨树，难道你就觉得它只是树？难道你就不想到它的朴质，严肃，坚强不屈，至少也象征了北方的农民？难道你竟一点也不联想到，在敌后的广大土地上，到处有坚强不屈，就像这白杨树一样傲然挺立的守卫他们家乡的哨兵？难道你又不更远一点想到，这样枝枝叶叶靠紧团结，力求上进的白杨树，宛然象征了今天在华北平原纵横决荡，用血写出新中国历史的那种精神和意志？

学生充满激情地朗读课文。

教师出示话题：赏析这个段落的表达之妙。

学生品析，发言。师生对话，教师点示：

层次之美——两个层次，由实到虚，由白杨形象到象征意义。

用词之美——文中到处都是表达赞美之情的褒义词。

句式之美——特别是段中由“难道”引起的一组句子。其表达上的特点是：①排比和反问连用；②每个句子都有形态的变化；③四个“难道”句子反复抒情，层层深入，步步深化，点示出赞美“用血写出新中国历史的那种精神和意志”的深刻意蕴；④句子连贯有力，气势奔放，慷慨激昂，激动人心。作者的赞美之情在这里发展到了顶点，文章的思想内容也在这里展现出一种更为阔大深远的境界。

情感之美——文中那带有强烈抒情意味的议论显得那样动人心弦。将白杨树美好的形象和抗日军民的伟大形象镌刻在我们的心中。

构思之美——因物生情，托物言志，由白杨写到抗日军民，表现出深刻隽永的意蕴。

象征之美——借白杨树的不平凡的形象，赞美了在中国共产党领导下的坚持抗战的北方的农民，歌颂了他们朴质、坚强、力求上进的精神。

…………

学生背诵此段。

教师收束教学。

13.《春》创新教学设计

映潮品读

《春》段落讲析

《春》对春天进行了田园牧歌式的抒唱。文章鲜明地表现出清新的格调和欢快的情绪，每一段文字都值得欣赏品味。

第一段：望春，抒盼春之情。起笔开篇点题。全文的第一部分写立春将至的情景，写热切的期待，写喜悦的心情，写美妙的感受。句式优美，语句生动；旋律轻快，诗意浓郁。

这里写春回大地——这是写“时”。

第二段：写物，表观春之喜。写初春的山、水和太阳，写大地复苏，写欣欣向荣。绘立春、雨水之间的时令景色，迎春之意跃然纸上。每一句都是一个美好生动的画面。炼字炼词，手法生动。意境美妙，情感热烈，动感鲜明；大处落笔，大笔勾勒，引出下文。

第三段：春草图。写游春之悦。写雨水、惊蛰时刚萌发的小草，赞草之报春，欢悦之情溢于言表。第一层写草，先写根根小草，再写大片大片小草；第二层写人，先写人的活动，再写人的感受，以烘托小草的可爱。文段给我们：时令感，小草偷偷地从土里钻出来；画面感，小草和快乐的人们；动静感，一片一片的嫩草和享受春光的人；色彩感，嫩嫩的，绿绿的；层次感，写草，写人，写人的感受；对称感，短句之妙；音乐感，叠字运用；轻快感，多用短句，节奏轻快活泼；情味感，叠词的运用，句式的反复、排比、倒装；诗意感，生动传神的动词，含情反复的句子。

第四段：春花图。写闹春之乐。春分时节，咏花之争春，赏花之乐力透纸背。时令在向前推移，桃花、杏花、梨花的争奇斗艳、欣欣向荣有着细微而又清晰的时令顺序。全段用五个句子写花，按照“从上到下”的顺序：上写花势繁茂，花色斑斓，花味甜蜜；中写恋花的蜂蝶；下写地面上的各种烂漫的草花。这是一幅立体的有声有色的绚丽画面。修辞手法非常丰富：拟人、比喻、通感、顶针、夸张、反复、排比应有尽有。表现手法非同一般：实写、虚写、映衬、烘托各显其妙。句式的选用非常得体：整散并用，诗意盎然，花的热烈、绚烂、甜美、快乐、自由以及让人陶醉、让人遐思、让人赞叹的情感尽在其中了。

第三、四段描绘的是春天的自然景物。作者具体描绘了春草、春花两个典型景物。草萌于早春，花开于盛春，所以先写草后写花，顺序自然，细节美妙。

第五段，春风图。绘风之绿春，写沐春之醉。本段写清明时节田间的诗情画意；作者分三个层次写出了春风特有的情态、春风中所特有的气味和春风中传来的声响；从触觉、嗅觉、听觉等不同的角度写出了春风带给人们的惬意感。语言表达的变化表现在引用手法的运用和长句的运用上，文学的氛围更加浓郁。“像母亲的手抚摸着你”变无形为有形，写出了春风的温暖与轻柔；“牛背上牧童的短笛”呼应着“踢几脚球，赛几趟跑，捉几回迷藏”和“闭了眼，树上仿佛已经满是……”，表现出在春天大自然怀抱中的人们的愉悦。

第六段，春雨图。颂雨之润春，写赏春之感。这段写出了谷雨、立夏间的暮春景象。有画面感——“像牛毛，像花针，像细丝，密密地斜织着”；有色彩感——“树叶子却绿得发亮，小草也青得逼你的眼”；有空间感——白天雨景中，写了空中、屋顶、树叶、小草四个层次；有时间感——“一点点黄晕的光，烘托出一片安静而和平的夜”；还有主次感、宏微感。有明写，有暗写；有景物，有人物；有精彩的比喻句，有精致的单音节词。全文节奏在这一段发生了微妙的变化，由明丽、热烈转向朦胧、静谧。

第五、六段变换了角度，描绘的是春中的自然气象，在自然气象的描绘中表现自然的景物。按照人们写景“先风后雨”的习惯，其顺序的安排也显得自然而得体。

第三、四、五、六段，春草图—春花图—春风图—春雨图，按时令的变化从初春写到晚春，每两段为一个层次，可谓不仅构思精密，而且非常有条理，顺序决不杂乱。

这几段写春色明丽——这是写“景”。

第七段，迎春图。写人之迎春，绘爱春之态。珍爱春天之情洋溢于卷间。短短的几句写尽了一个世界的人在春天里的精神。全段分为人的活动和人的心理两个部分，一实写一虚写；“有的是工夫，有的是希望”像警句一样生辉。

这里写春早人勤——这是写“人”。

第七段由写景转向写人，写的是社会景象。相比第三、四、五、六段而言，第七段是又一次变换描写角度。从五幅图的顺序来看，这里由写“景”变为写“人”。这一变极为重要，既关注到写作顺序的变化，又关注到描写角度与内容的变化。文中因此充满了生活的气息，充满了生命的气息。

以上第三、四、五、六、七共五个段是《春》的第二部分，是绘春。这个主体部分由自然景物和社会景象两个方面的内容组成。以描绘自然景物为主，以表现社会景象为次，顺序自然，主次分明，结构精细。

第八、九、十共三个段颂春，表赞春之意，表喜悦之情。三个比喻句各自成段，表现出文章的结构之美和作者的抒情之美：它们生意盎然，音节响亮，化虚为实，画面闪现；总写了春天的新、美、力，表现了春天不可遏制的创造力和它所含有的无限美好的希望；从刚落地的娃娃到小姑娘到健壮的青年，表达的顺序也耐人寻味，虚写了不同时段的不同景象。

这几段写春意催人——这是写“意”。

映潮说课

教学创意：练认识课文的能力，练概括文意的能力，练品读精段的能力，练课堂笔记的能力

教学对象及特点：七年级上学期的学生，文体知识、概括能力相对薄弱。

课时安排：两个课时。

◎ 第一课时

教学环节一：课文朗读

一读：全文朗读。

二读：学生分段自由朗读，每读完一段后用“这一段写的是……”的句式说话。

三读：由教师当“主持人”，用“台词串联”的方式引领学生读好《春》的五幅图。

“台词”如：积雪消融、春光明媚、嫩草新绿，显得格外清爽和滋润，现在让我们带着迎春的快乐，走向那茸茸的绿草地。请同学们带着游春的喜悦朗读课文的第三段。

…………

四读：读好课文的最后三段。

用赞美、惊喜的语气读第八段，用赞美、欣赏的语气读第九段，用赞美、欢快的语气读第十段。

教学环节二：认识课文

话题：请学生根据自己对课文内容的初步感受，说说《春》是一篇什么样的课文。

在师生对话中，让学生基本了解如下内容：

《春》是朱自清先生怀着热切而又喜悦的心情描绘、赞美春天的散文。

《春》是一篇移情入景、有着浓郁的抒情氛围的精妙散文。

《春》是一篇一幅一幅地展现着春的美好画面、画面感极强的写景文。

《春》是一篇主要通过比喻、拟人、排比等艺术手法，使景物变得鲜活生动和形象逼真的美文。

《春》是一篇语言优美清新、节奏生动明快、富有诗情画意的文章。

《春》是一篇让所描绘的景物充盈着跃动的活力与生命的灵气的课文。

《春》是一篇让我们感受春之新、春之美、春之力的美好短文。

《春》是一篇结构精致、顺序严密、布局生动的文章。

最后落脚到《春》的语言表达的优美清新之上：

（1）生动叠词。

欣欣然　偷偷　嫩嫩　绿绿　轻悄悄　软绵绵　嗡嗡　星星

眨呀眨　微微　密密　点点　稀稀疏疏　渐渐　家家户户

老老小小　舒活舒活　抖擞抖擞

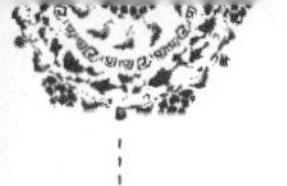

（2）精妙炼句。

①欣欣然张开了眼。②太阳的脸红起来了。③小草偷偷地从土里钻出来。④蜜蜂嗡嗡地闹着。⑤散在草丛里，像眼睛，像星星。⑥唱出宛转的曲子。⑦人家屋顶上全笼着一层薄烟。⑧小草也青得逼你的眼。

（3）含情反复。

①山朗润起来了，水涨起来了，太阳的脸红起来了。②嫩嫩的，绿绿的。园子里，田野里，瞧去，一大片一大片满是的。③踢几脚球，赛几趟跑，捉几回迷藏。④风轻悄悄的，草软绵绵的。⑤红的像火，粉的像霞，白的像雪。⑥像牛毛，像花针，像细丝。⑦有名字的，没名字的，散在草丛里，像眼睛，像星星。⑧舒活舒活筋骨，抖擞抖擞精神。⑨有的是工夫，有的是希望。

（4）五觉写景。

"吹面不寒杨柳风"，不错的，像母亲的手抚摸着你。风里带来些新翻的泥土的气息，混着青草味儿，还有各种花的香，都在微微润湿的空气里酝酿。鸟儿将窠安在繁花嫩叶当中，高兴起来了，呼朋引伴地卖弄清脆的喉咙，唱出宛转的曲子，跟轻风流水应和着。牛背上牧童的短笛，这时候也成天在嘹亮地响。

教学环节三：概写课文

活动要求：每位学生接着下面的句子补写，补写的语言既要优美又要概括，要按顺序概述表达课文的主要内容。

朱自清的《春》描绘了大地春回、生机勃勃的动人景象。在他的笔下，春天是一个美不胜收的季节。看，在醒来的春天里，____，这些精彩的描写，让我们陶醉在如诗如歌的美妙境界中。

教师组织生动的课堂交流活动，并展示最为简洁精美的"答案"。

◎ 第二课时

教学环节一：精段朗读

教师指导学生朗读课文中的“春花图”。

一读：学生自由朗读，读出这一段文字的层次。

二读：学生在教师的“主持”下再读，读出其中的情味：

那花开得多么热烈——桃树、杏树、梨树，你不让我，我不让你，都开满了花赶趟儿。

那花开得多么美丽——红的像火，粉的像霞，白的像雪。

那花开得多么甜美——花里带着甜味儿；闭了眼，树上仿佛已经满是桃儿、杏儿、梨儿。花下成千成百的蜜蜂嗡嗡地闹着，大小的蝴蝶飞来飞去。

一花引来百花开啊——野花遍地是：杂样儿，有名字的，没名字的，散在草丛里，像眼睛，像星星，还眨呀眨的。

三读：背诵此段。

教学环节二：精段欣赏

话题：“春花图”十美欣赏。

教师举出范例，学生思考，品味此精段的美。

课堂发言、交流：

师生对话的内容可能有：情感之美，构图之美，色彩之美，字词之美，句式之美，音韵之美，修辞之美，虚实之美，动静之美，主次之美。

教学环节三：课堂听记

教师讲析，学生笔记：

这一段描绘，先写树上的繁花似锦，次写树中的昆虫喧闹，再写树下遍地的野花；写眼前的花儿争春，又写想象中树上结的果实；写花的色彩，又写花的甜味；明写野花像眼睛，像星星眨呀眨，暗写风与太阳。这样动静结合、色味结合、虚实结合、高低结合、明暗结合的描写，就绘出一幅色彩鲜艳、春意盎然的立体感很强的春花图，使人仿佛置身于春花烂

漫的美景之中。

（引自于漪老师《春》的教学设计）

也可利用“映潮品读”中第四段的讲析内容。

教学环节四：背诵《春》之春花图。

附：可供参考的“导语”材料：

朱自清的《春》这篇散文给我们创造出春日融融、春水泱泱、春草茵茵、春花攘攘、春风煦煦、春雨绵绵、春到人欢的优美意境。它像一首欢快的歌曲，沁人心脾；又像一幅清丽的水彩画，令人陶醉。这优美的意境吸引着我们每一个人。

（马健：《〈春〉的教学之我见》，《文学教育》2007年第3期）

《春》是一支歌，优美的旋律低回着绵绵的情意；《春》是一幅画，明丽的色彩氤氲着自然美丽的容颜；《春》是一首诗，华丽的诗句书写着季节的心跳；《春》是一杯茶，浓郁的香味浸润着读者的心灵。用心体会作者向我们描绘的这种美不胜收的世界，是一种怎样愉快的享受啊！你不觉得有一个春天，正悄悄地来到你的身边？

（阎蕴华：《〈春〉：美不胜收的世界》，《阅读与鉴赏》（初中）2005年第12期）

14.《孤独之旅》创新教学设计

映潮品读

《孤独之旅》的鸭群描写

《孤独之旅》的环境描写很有特色，为人物的成长设置了广阔的生活背景。其中鸭群的描写贯穿全文，成为一条美妙的线索。

下面我们随着课文的顺序，欣赏一下作者笔下的鸭群描写。

鸭群在船前形成一个倒置的扇面形，奋力向前推进，同时，造成了一个扇面形水流。每只鸭子本身，又有着自己用身体分开的小扇面形水流。它们在大扇面形水流之中，织成了似乎很有规律性的花纹。无论是小扇面形水流，还是大扇面形水流，都很急促有力。船首是一片均匀的、永恒的水声。

少年杜小康因家庭变故而失学，不得不跟随父亲去放鸭。作者在这里以鸭群的奋力前进，以水流的急促有力为背景，写杜家父子出发了，离开家乡了；同时也写杜雍和不顾小康的请求，将鸭子一个劲地赶向前方的决心。作者以白描的手法，反复写“扇面形水流”，强调均匀的、永恒的水声，既写船行的速度之快，又渲染出一种孤寂与单调的氛围。

鸭们不管，它们只要有水就行，水就是它们永远的故乡。它们开始觅食。觅食之后，忽然有了兴致，就朝着这片天空叫上几声。没有其他声音，天地又如此空旷，因此，这叫声既让人觉得寂寞，又使人感到振奋。

这里写的是远行，人和鸭都到了辽阔而陌生的地方，作者用鸭群的觅食来表现远行中暂时的停歇，用鸭群的兴致来表现环境的单调，用鸭群的叫声来表现天地的空旷。“这叫声既让人觉得寂寞，又使人感到振奋”，巧妙地写出了鸭子们对寂寞孤独的杜家父子的陪伴。

鸭们十分乖巧。也正是在夜幕下的大水上，它们才忽然觉得自己已成了无家的漂游者了。它们将主人的船团团围住，唯恐自己与这条唯一能使它们感到还有依托的小船分开。它们把嘴插在翅膀里，一副睡觉绝不让主人操心的样子。有时，它们会将头从翅膀里拔出，看一眼船上的主人。知道一老一小都还在船上，才又将头重新插回翅膀里。

这里的描写角度有了美妙的变化。变化之一是写夜幕，因为有夜幕的描写，而更显离家的茫然和流浪的滋味；变化之二是写鸭们的“乖巧”。作者以物衬人，用鸭子的恐惧感衬托主人公内心的不安，鸭子“觉得自己已成了无家的漂游者”更是主人公心理的写照。这种侧面映衬烘托手法的运用，堪称绝妙。

鸭子在这里长得飞快，很快就有了成年鸭子的样子。当它们全部浮在水面上时，居然已经是一大片了。

这里写的是放鸭养鸭的顺利，暗写时间的流逝，也写人物的随遇而安。

那十几只受了惊的鸭，居然一步不离地挨着主人蹲了下来。

这里略写暴风雨之后，人和鸭在经受磨难之后的平静，鸭们在风雨中见证了杜小康的艰难成长。

鸭们也长大了，长成了真正的鸭。它们的羽毛开始变得鲜亮，并且变得稠密，一滴水也不能泼进了。公鸭们变得更加漂亮，深浅不一样的蓝羽、紫羽，在阳光下犹如软缎一样闪闪发光。

这里的描写洋溢着喜悦之情，笔调轻快，色彩明丽。作者运用以物喻人、托物寄意的手法，写鸭们长大了，也写杜小康长大了、成熟了。鸭群和杜小康都经历了自己的成长蜕变，共同迎来了生活中美好的阳光。

《孤独之旅》中的鸭群描写，主要有三重意义：一是象征手法的运用；二是叙事线索的巧妙设置；三是用景物、事物的描写增加作品的美感。

教学创意：课文文意把握，景物描写品析，重点片段欣赏

本篇为自读课文，在学生预习的基础上，教师可以用一个课时完成教学任务。

入课，进行背景铺垫：

本文节选自曹文轩的少年长篇小说《草房子》。

曹文轩，北京大学中文系教授、博士生导师，北京市作家协会副主席。2016年获国际安徒生奖。代表作有《草房子》《红瓦》《天瓢》《青铜葵花》等。

《草房子》主要从少年儿童成长的角度，描述了二十世纪六十年代初苏北水乡“油麻地”人们的生活。

课文中的主要人物杜小康，是油麻地小学男孩中最潇洒、最英俊、一直当班长的好学生，五年级上学期因家境突变而中止了学业，夏天跟着爸爸到远离家乡的芦荡去放鸭。

教师顺势进行字词积累教学。

自读活动一：文意概说

话题：说说《孤独之旅》是一个什么样的故事。

教师示例，学生静读、思考、概说：

这是一个表现人物命运发生陡转的故事。

这是一个以水乡生活为背景的流浪故事。

这是一个以芦荡为场景的父子牧鸭的故事。

这是一个用生动的景物描写烘托“孤独之旅”的故事。

这是一个表现儿童成长经受苦难的故事。

这是一个突现孤独之中的心路历程、表现人物在艰困中长大的故事。

这是一个表现了开端、发展、高潮和结局完美结构的故事。

自读活动二：评点批注

任务：赏析课文中的自然景物描写，进行评点批注，赏析其表达作用与表达效果。

教师出示评点示例：

这才是真正的芦荡。是杜小康从未见过的芦荡。到达这里时，已是傍晚。当杜小康一眼望去，看到芦苇如绿色的浪潮直涌到天边时，他害怕了——这是他出门以来第一回真正感到害怕。芦荡如万重大山围住了小船……

评点：画面描写，人物活动的场景设置，从杜小康的视角进行景物描写，表现人物的孤独与胆怯。

学生自读、评点批注，就文中景物描写的作用表达自己的看法。

教师小结本文中景物描写的基本作用：

描写自然环境，设置活动场景，渲染孤独氛围，表现人物心情，推动情节发展，调节叙事节奏，衬托人物形象，增加文中美感，成为美妙线索……

学生做好课中笔记。

自读活动三：片段细读

出示课文高潮部分的暴风雨描写片段：

那天，是他们离家以来遇到的最恶劣的一个天气。一早上，天就阴沉下来。天黑，河水也黑，芦苇荡成了一片黑海。杜小康甚至觉得风也是黑的。临近中午时，雷声已如万辆战车从天边滚动过来，不一会儿，暴风雨就歇斯底里地开始了，顿时，天昏地暗，仿佛世界已到了末日。四下里，一片呼呼的风声和千万枝芦苇被风折断的咔嚓声。

学生朗读。

教师出示品析话题：赏析此段描写的艺术手法与表达作用。

学生自读批注，课中交流。

教师点示：这段美妙的描写里面有着丰富的写法知识——

描写内容：景物描写，风雨描写，环境描写。

关键词语：段中的关键词是“最恶劣的一个天气”。

表达顺序：暴风雨的描写按时间顺序展开。

有动有静：写天气阴沉时是静态的描写，写暴风雨的内容则动态十足。

有声有色：“天黑，河水也黑，芦苇成了一片黑海”写“色”，“雷声已如万辆战车从天边滚动过来”写“声”。

比喻夸张：段中修辞手法运用精当，特别是“黑海”的比喻和“仿佛世界已到了末日”的夸张，生动地写出了暴风雨来临时的可怕氛围。

白描手法：全段运用简笔勾勒的方法，描绘了大风大雨侵袭芦荡的生动画面。

写景角度：主要从视觉、听觉和内心感觉的角度描写景物。

虚实相映：“杜小康甚至觉得风也是黑的”“仿佛世界已到了末日”，都是从“虚”的角度写暴风雨给人带来的恐惧。

镜头特写：“千万支芦苇被风折断的咔嚓声”，既写声又写形，从具体情形的角度表现了暴风雨的猛烈。

推动情节：这里的描写不是单纯的环境描写，暴风雨的袭击会使鸭群逃散，于是就会有杜小康的追寻，这就推动了故事情节的发展。

表现人物：设置暴风雨的情景，就是为了让杜小康经受磨难，这就叫“景物的描写是为表现人物服务的”。

形成波澜：在孤独平静的生活中迎来可怕的暴风雨，故事陡起波澜。

增加美感：曹文轩说过，“风景在参与小说的精神构建的过程中，始终举足轻重”。

学生听记，教师收束教学。

15.《赫耳墨斯和雕像者》创新教学设计

映潮品读

《赫耳墨斯和雕像者》的奥妙之处

伊索寓言《赫耳墨斯和雕像者》简短简明简要，小学三年级以上的学生一读就懂，似乎没有什么价值。其实不然，它像一个万花筒，“一摇又是一朵花”，有非常丰富的教学资源，有很多需要我们细细品析的地方。

下面我们用评点的方式对这则寓言的故事部分进行欣赏。

赫耳墨斯想知道他在人间受到多大的尊重，就化作凡人，来到一个雕像者的店里。

这是故事情节的开端。点明人物、事件、地点。点明赫耳墨斯下凡的目的。一个“想”字表现出事件本身的讽刺性，说明赫耳墨斯认为自己一定受到了人们的尊重，他很想知道这种尊重到了什么程度。

他看见宙斯的雕像，问道：“值多少钱？”雕像者说：“一个银元。”赫耳墨斯又笑着问道：“赫拉的雕像值多少钱？”雕像者说：“还要贵一点儿。”

这是故事情节的发展。对话的特点是：问者有意，答者无心。问者的有意表现在他开口就问众神的首领、自己的父亲宙斯的雕像的价格，接着又问赫拉的雕像的价格。这两个比较点的选择很深刻地表现赫耳墨斯的自不量力。

后来，赫耳墨斯看见自己的雕像，心想他身为神使，又是商人的庇护神，人们对会他更尊重些，于是问道：“这个值多少钱？”雕像者回答说：“假如你买了那两个，这个算添头，白送。”

这是故事的高潮。一个“想”字进一步写出了赫耳墨斯的狂妄。作者巧妙地运用寓言中常用的揭示矛盾的“反差”之法，写出了赫耳墨斯期望受到更大的尊重和客观方面的一文不值，突现了故事的深刻讽刺性。

下面我们重点赏析其“情节陡转”的手法。

《赫耳墨斯和雕像者》的手法，精妙的是“蓄势于前，急转于后”。

“蓄势”一词，从字面意思来看，含有“积蓄力量”或者“积蓄了充分的能量”的意思。文学作品中的“蓄势”，指的是运用一定的手法，一步一步地描述事物，形成氛围，以达到对文章的意旨进行开掘或者为文学作品高潮的到来进行充分铺垫的目的。

《赫耳墨斯和雕像者》的“蓄势”表现在：首先，赫耳墨斯自认为自己是受到人们尊重的；其次，他知道宙斯的雕像价值“一个银元”之后便洋洋自得起来；最后，当知道赫拉的雕像“还要贵一点儿”之后，他心中更加暗自得意。可以说，故事的第三问，即问了自己的雕像之后，赫耳墨斯心中等待的就只是雕像者的又一句这个“还要贵一点儿”的话语了。

有意思的是，故事情节在此发生了巨大的跌宕和陡然的转折，雕像者的一句“假如你买了那两个，这个算添头，白送”一下子让赫耳墨斯如坠冰窖。故事到此打住，留给读者丰富的想象和深深的思索空间。

“蓄势于前，急转于后”的艺术魅力表现了“出乎意料”而“合乎情理”的表达效果，在情节的峰回路转中让人掩卷沉思。

在中学语文教材中，《蚊子和狮子》《狼》《林教头风雪山神庙》等，都运用了这种高超的构思方法。

映潮说课

教学创意：运用教学资源，设计“一课多案”

这里设计三个方案，各用一个课时进行教学。它们彼此之间各不相同，但都显现出足够的训练力量。

◎ 教学方案一（详案）

导入，铺垫：

寓言是文学作品的一种体裁，它利用具有讽刺性或哲理性的假托的故事来说明道理，给人以启示。

《伊索寓言》：伊索，公元前6世纪的希腊寓言家。《伊索寓言》实际上是古希腊流传于民间的讽喻故事，共300多篇。

宙斯：是古希腊神话中的众神之王。

赫拉：古希腊神话中的天后，宙斯的妻子，妇女的保护神。

赫耳墨斯：古希腊神话中掌管旅行和商业的神，神使，宙斯的儿子。

课文语言卡片：

“雕像”不要写成“雕象”。

象：指自然界、人或物的形态、样子。如：现象、形象、印象……

神使：给众神传令的使者。

庇（bì）护：保护，使之不受损害与侵犯。

概写活动

写一个句子，概说这是一则什么样的寓言故事。

学生动笔，师生对话，教师出示：

这是一则完整的、有曲折故事情节的寓言。

这是一则以“神”为主要人物形象的寓言。

这是一则主要运用“对话”手法来展开故事情节的寓言。

这是一则运用了“白描”手法，寥寥几笔就勾勒出人物形象的寓言故事。

这是一则细节生动的寓言故事，文中有语言的描写、动作的描写和神情意态的描写。

这是一则运用了“意外结尾”“情节陡转”手法的寓言故事。

这是一则运用了“空白”手法，让我们想象人物尴尬结局的小故事。

这是一则运用了“反差”手法，写“出人意料”之事，写“事与愿违”之事的故事。

朗读活动

请学生体味故事的层次美。教师指导学生反复朗读课文，特别读出人物对话的语气。

活动：请学生观察课文故事部分的层次，并进行分析。

学生观察，划分，课堂发言。教师讲析：

赫耳墨斯想知道他在人间受到多大的尊重，就化作凡人，来到一个雕像者的店里。

这是故事的第一层：概写。点示人物与场景。

他看见宙斯的雕像，问道："值多少钱？"雕像者说："一个银元。"赫耳墨斯又笑着问道："赫拉的雕像值多少钱？"雕像者说："还要贵一点儿。"后来，赫耳墨斯看见自己的雕像，心想他身为神使，又是商人的庇护神，人们对他会更尊重些，于是问道："这个值多少钱？"雕像者回答说："假如你买了那两个，这个算添头，白送。"

这是故事的第二层：细写。描写人物与细节。

赏析课文语言

话题：赏析文中"三问三答"的作用。

学生讨论，简答，阐释。教师讲析：

"三问三答"在这则寓言中的作用：第一，推进故事情节；第二，显现故事细节；第三，刻画人物性格，形成奇妙波澜。

动笔写句、写段

请学生动笔写一个议论句，替换课文的第二段。

学生动笔写句，交流，教师出示若干可以用于第二段的句子：

这则寓言讽刺那些自以为胜过别人其实远不如别人的人，告诫人们要谦虚谨慎，不要骄傲自大。

故事告诉我们，要想真正获得人们的尊敬，就不要贪慕虚荣，妄自尊大。

一心只想着自己的身价，想着自己受到多大的尊重，企望人家特别尊重自己，这是一种虚荣心。

这则寓言通过赫耳墨斯自命不凡、主观臆断而在事实面前碰壁的故事，以神喻人，讽刺和批评了那些爱慕虚荣、妄自尊大的人。

《赫耳墨斯和雕像者》告诉我们，在所谓的身份与贡献面前，我们不要自视甚高、自我欣赏。

“虚荣的人，注视着自己的名字”，赫耳墨斯不关心如何造福人类，而是关注自己的身价，这可以看作是“不务正业”。

故事的主人公赫耳墨斯是一个有“权力”的人，在“权力”面前，他想到的是自己的身价。故事以其深刻的寓意警示着我们。

◎ 教学方案二（略案）

教学铺垫：介绍作者，文体知识。

出示课文语言卡片：

化作　神使　庇护　添头

出示故事的第一句并点示其表达作用：

赫耳墨斯想知道他在人间受到多大的尊重，就化作凡人，来到一个雕像者的店里。

表达作用是人物出场、场景设置。

活动一：朗读，读懂

朗读：用叙事的语气朗读。

任务：概括这则寓言的基本情节。

学生分析文中情节，课中发言。教师讲析，学生批注。

故事的开端：

赫耳墨斯想知道他在人间受到多大的尊重，就化作凡人，来到一个雕像者的店里。

故事的发展：

他看见宙斯的雕像，问道："值多少钱？"雕像者说："一个银元。"赫耳墨斯又笑着问道："赫拉的雕像值多少钱？"雕像者说："还要贵一点儿。"

故事的高潮与结局：

后来，赫耳墨斯看见自己的雕像，心想他身为神使，又是商人的庇护神，人们对他会更尊重些，于是问道："这个值多少钱？"雕像者回答说："假如你买了那两个，这个算添头，白送。"

活动二：朗读，读深

朗读：读出文中人物对话的语气。

品一品赫耳墨斯"笑"的含义和表达作用。

学生表达看法。教师小结、点示：

这是赫耳墨斯释然的"笑"。这是赫耳墨斯情不自禁的"笑"。这是赫耳墨斯暗自得意的"笑"。这是赫耳墨斯带有一点幸灾乐祸的"笑"。

一个"笑"字，有力地表现了赫耳墨斯的心理活动，与"添头""白送"相映衬，形成文意的陡转和巨大反差。

活动三：朗读，读美

朗读：背诵式地、讲故事式地朗读。

话题：试析这则寓言的表达技巧。

学生思考，发言，表达看法。教师点示：

这则寓言的表达技巧：概写细写，叙议结合，以神喻人，对话描写，白描手法，情节陡转，留下空白。

学生笔记，教师收束教学。

◎ 教学方案三（略案）

导入，铺垫。介绍寓言、伊索寓言，以及本文中的人物关系。

朗读，评价人物

教师指导学生朗读课文：读出故事味道，读清故事的层次，读好“叙事”与“议论”不同的语气。

教师顺势点示本文两个段所表现出来的“叙议结合”的结构特点。

接着请学生概说、评价赫耳墨斯这个人物的形象。

要求：用四字短语评价赫耳墨斯，以揭示赫耳墨斯的性格特点。

师生对话，教师小结：

以下短语可以用来评说赫耳墨斯：自以为贵、自高自大、自命不凡、目空一切、妄自尊大、心高气傲、疏于职守……

朗读，概括内容

要求一：提取故事中的五个关键词；要求二：写一段文字概括文章。

学生静读静写 5 分钟，发言、交流。

教师小结：

故事中的五个关键词：赫耳墨斯、尊重、问、值多少钱、白送。

故事的概括文字：这则寓言通过赫耳墨斯和雕像者的“三问三答”来展开故事，讽刺了那些自以为了不得其实远不如别人的人，给我们以深刻的启示。

或这样概括：这则寓言通过赫耳墨斯自命不凡、主观臆断而在事实面前碰壁的故事，讽刺和批评了那些爱慕虚荣、妄自尊大的人。

赏析课文语言

话题：在具体的语境中，品析“想”“笑”“问”“白送”这四个字词的表现力。

学生动笔，写赏析某个字词的文字。

教师小结。

补写故事结局

请学生在课文故事的结尾处续写一句描写赫耳墨斯的文字，20～30个字。学生写后交流，教师评说，收束教学。

16.《壶口瀑布》创新教学设计

映潮品读

略说《壶口瀑布》之美

梁衡先生的《壶口瀑布》是一篇游记。作者用形象生动的语言，细致地描绘了壶口瀑布磅礴雄壮的气势，赞美了黄河“挟而不服”“压而不弯”“勇往直前”的伟大精神，升华出黄河所特有的一种无坚不摧、无往不胜、坚韧刚强的精神。

这篇游记构思宏阔，描绘细腻，表达之美，俯拾即是。

全文共由六个段落构成。

第一段为：“壶口在晋陕两省的边境上，我曾两次到过那里。”

此段有两个层次，两种意味。第一层介绍壶口瀑布的所在之地，第二层起着总领全文的作用。“两次”是统领全文的关键词。

于是作者用“第一次是雨季”“第二次我专选了个枯水季节”来照应第一段中的关键句与关键词。第二段写雨季中的壶口瀑布，是略写，是铺垫；第三、四段写枯水季节里的壶口瀑布，是详写，是着力的铺展。它们共同形成这篇游记的主体部分。

第五段堪称妙笔，表现出变化表达节奏的高妙手法。不再写壶口瀑布的水势，而是巧变角度，用“看罢水，我再细观脚下的石”一句承上启下，写水的力量造就了壶口瀑布：“整个龙槽就是这样被水齐齐地切下去，切出一道深沟”，颇有“不著一字，尽得风流”的意味，这其实还是在写壶口瀑布的威力无穷、壮美无比。

第六段表现出一般游记的共同规律：卒章显旨、画龙点睛。用一个充满深情与激情的段落，进行抒情与议论，由实而虚，由水及人，揭示出深刻的哲理。

梁衡先生曾表述过“散文三美”的观点。他认为好的散文，应该有三个层次的美。第一个层次是“叙述之美”，即写景、状物、描述要准确、

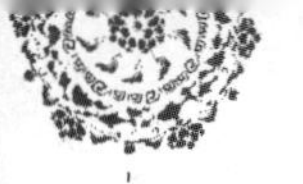

干净。第二个层次是“意境之美”，即要写出感觉、感情。第三个层次是“哲理之美”，即要写出新的思想。从文章的整体构思来看，《壶口瀑布》很切实地表现了散文“叙述之美”“意境之美”“哲理之美”的特点。

再读课文，我们还可以发现全文的“起承转合之美”与“叙议结合之美”。特别是“叙议结合之美”，大大增强了本文的抒情力度和议论深度。从全文看，第一至五段是“叙”，第六段是“议”，表现出鲜明的“叙议结合”的结构与手法；从段落看，从第二段起到尾段，几乎每个段都运用了“叙议结合”的表达形式。

再细读课文，我们还可以进一步发现文中细节描写的美、段落描述的美、句群组合的美、句式运用的美、短语丰富的美、修辞生动的美等。

这些都是极有训练魅力的教学资源。

映潮说课

教学创意：文意把握训练，精段细读训练，语言学用训练

《壶口瀑布》是文质兼美的写景抒情的游记。教师可以用两个课时完成本课的教学与训练任务。

◎ 第一课时

文意把握，结构品析，精段细读。

课始，进行背景材料的铺垫：

梁衡：著名学者，新闻理论家，当代作家。

《壶口瀑布》体裁：游记。

壶口瀑布：国家级风景名胜区。东濒山西省临汾市吉县壶口镇，西临陕西省延安市宜川县壶口乡；中国第二大瀑布，世界上最大的黄色瀑布。

教师出示字词落实的教学内容：

(1) 字音字形。

凹（āo）下　推搡（sǎng）　驰骋（chěng）　漩（xuán）涡
寒噤（jìn）　雾霭（ǎi）　出轧（zhá）　凿（záo）得
剁（duò）去　挟（xié）而不服　如丝如缕　怒不可遏
汩汩　潺潺

(2) 短语识记。

写其声形：

涛声如雷　雾气弥漫　浪沫横溢　水浸沟岸　雾罩乱石　排排黄浪
堆堆白雪　一川黄浪　汩汩如泉　潺潺成溪　哀哀打旋　如丝如缕

写其态势：

扑面而来　震耳欲聋　深不可测　千军万马　轰然而下　夺路而走
乘隙而进　折返迂回　钻石觅缝

写其精神：

博大宽厚　柔中有刚　挟而不服　压而不弯　不平则呼　遇强则抗
死地必生　勇往直前

活动一：听读、朗读课文

利用“中小学语文示范诵读库”中的本课录音，请学生边看课文边倾听，连听两次，听中自由标记。然后每个学生自由朗读课文。

活动二：静读、分析结构

任务：扣住第一段观察全文并诠释其精致结构，即观察、分析段与段之间的关系。

学生静思、圈画、批注，课中发言。师生对话。

教师小结：

第一段的作用：简洁入题，总领全文。

第二段与第三至五段的关系：巧作铺垫，详略有致。

第五段的美妙作用：视点变化，侧面映衬。

第六段的作用：议论抒情，篇末点题，升华哲理。

学生顺势做好课中笔记。

活动三：品读、体味手法

话题：品味作者一边记述景物、一边抒发感受的写作手法，说说自己的理解。

学生静读，在文中勾勒、圈画，进行发现，进行旁批。

交流发现作者笔下的此类表达：

第二段中作者的感受：

我在雾中想寻找想象中的飞瀑，但水浸沟岸，雾罩乱石，除了扑面而来的水汽，震耳欲聋的涛声，什么也看不见，什么也听不见，只有一个可怕的警觉：仿佛突然就要出现一个洪峰将我们吞没。于是，只急慌慌地扫了几眼，我便匆匆逃离，到了岸上回望那团白烟，心还在不住地跳……

第四段中作者的感受：

我突然陷入沉思，眼前这个小小的壶口，怎么一下子集纳了海、河、瀑、泉、雾所有水的形态，兼容了喜、怒、哀、怨、愁——人的各种感情。造物者难道是要在这壶口中浓缩一个世界吗？

第五段中作者的感受：

人常以柔情比水，但至柔至和的水一旦被压迫竟会这样怒不可遏。原来这柔和之中只有宽厚绝无软弱，当她忍耐到一定程度时就会以力相较，奋力抗争。

第六段更是作者根据全文内容所抒发的真切感受。

学生根据自己的理解发言，阐释作者边描述、边表达感受的好处。

师生对话，教师小结，点示这样写作的好处：①叙议结合，变化表达形式；②抒发情感，表达不同感受；③彼此照应，形成抒情线索；④增强力度，深化文章主题；⑤反复手法，显现行文美感。

学生做好课堂笔记。

◎ 第二课时

美段读背，精段评析。

课始，回顾上节课的学习收获。

活动一：美段读背

请学生背诵课文第六段，体味其表达作用，增加语言积累：

黄河博大宽厚，柔中有刚；挟而不服，压而不弯；不平则呼，遇强则抗；死地必生，勇往直前。正像一个人，经了许多磨难便有了自己的个性；黄河被两岸的山、地下的石逼得忽上忽下、忽左忽右时，也就铸成了自己伟大的性格。这伟大只在冲过壶口的一刹那才闪现出来被我们看见。

教师点示：

作者在这里赋予黄河一种无坚不摧、无往不胜、坚韧刚强的精神，由黄河的性格联想到百折不挠、自强不息的民族精神。进行了哲理的升华。

学生笔记。

活动二：精段品析

教师将教学视点引向精段品析，请学生默读课文第三、四段。

出示话题：朗读；赏析课文第三、四段；品析这两段文字的表达之妙。

教师点示：

这两段的表达艺术能够给我们以丰富的审美感受：如结构、层次、手法、修辞、描写、句式、短语……都值得我们品析。

学生静读，圈画批注，思考，课中发言。师生对话。

教师小结并点示第三、四段的表达之妙：

视点集中，细笔描写。

叙议结合，有叙有议。

生动绘景，语中含情。

层次明晰，精细描述。

宏微相济，有声有色。

比喻优美，句式精致。

短语丰富，文采斐然。

音韵铿锵，朗朗上口。

学生朗读，顺势做好课堂笔记。

学生再次背诵课文第六段。

教师收束教学。

17.《皇帝的新装》创新教学设计

映潮品读

多角度概说《皇帝的新装》

概说文意，既是一种阅读能力的体现，也是一种收获知识的方法。下面对于《皇帝的新装》的多角度概说，就有这种意味。

《皇帝的新装》是丹麦著名童话大师安徒生的经典之作。作者用大胆的夸张和想象来反映生活，叙写了一个不理政事的皇帝被骗子愚弄，穿上一件实际上并不存在的新装，赤身裸体地参加游行大典的童话故事。作者围绕“新装”这个中心，极力描写了皇帝、大臣、随员、骗子相互欺骗的种种荒诞无稽的可笑行径，揭露了他们虚伪、愚蠢、腐朽的本质。

《皇帝的新装》是 19 世纪丹麦著名的童话大师安徒生初期创作的童话作品，写于 1837 年，是他最著名的童话之一。文章以“新装”为线索，叙写了皇帝爱“新装”——看“新装”——穿“新装”——展“新装”的生动故事，深刻地揭露了封建统治阶级虚伪、荒淫的反动本质，启发人们要敢于说真话，做正直、无私的人。

在《皇帝的新装》中，上自皇帝下至百姓，在根本不存在的“新装”前，几乎人人都违心地说假话。这篇童话不仅嘲讽皇帝、大臣，也嘲讽了普通百姓的虚伪，揭示受社会浸染的“大人们”人性的弱点——虚伪；向我们传达了这样一个重要的信息——贪图虚荣是人类普遍存在的性格弱点。

《皇帝的新装》的情节围绕着一个“骗”字展开。骗子行骗——贪财；皇帝受骗——昏庸、愚蠢；大臣助骗——为保官位不知廉耻；老百姓传骗——怕招来杀身之祸，不敢说真话。故事巧用一个“骗”字，推动着故事情节的发展。

《皇帝的新装》中，一个个粉墨登场的人物丑态百出：骗子的狡诈，大臣的奉承，皇帝的昏庸……从游行大典的准备乃至庆典的整个过程，笼罩着混淆是非、颠倒黑白、以丑为美的荒诞无耻的阴霾。在这出丑剧中，始作俑者是骗子，起催化作用者是大臣，集愚昧与骄横之大成者是皇帝，荒诞之中道出一句真话的竟是一个小孩。孩子是真的化身，美的化身，真善美与假丑恶构成了鲜明的对比。

《皇帝的新装》十分注意叙述的清晰性和完整性。它所用的叙事方式，是儿童们最易接受的顺叙法，落笔就写主要人物，介绍皇帝爱穿新衣服的癖好，然后引出骗子，接着写织布、做衣，最后写皇帝穿上“新装”参加游行大典，在人们面前出尽洋相。故事一环紧扣一环，逐步走向高潮，最后简短作结，给人留下了想象的余地。

《皇帝的新装》对于关键性的情节和细节，运用多种手法，不断加以重复，反复进行交代。凡属重要的情节和细节，诸如皇帝爱穿新衣服的癖好，骗子的阴谋诡计，他们吹嘘自己所织出的衣料的“特性”，他们在织布机上的“空忙”情况，大臣、官员和皇帝察看织布情况时的心理动态，皇帝穿“新装”上街游行和被小孩识破的过程，等等，作者都用不同的方式重复地加以叙述和描绘，从而表现娓娓而谈、引人入胜的表达效果。

故事的安排是独具匠心的。两个骗子挥舞着一个实际并不存在的道具——谎言，启动咒语，照亮了人们的虚荣心理。这个谎言其实是一个语言陷阱，它利用了人们的虚荣：人们都不愿落得个傻子或不称职的人的名声。“皇帝的新装”与“掩耳盗铃”一样，已成为“自欺欺人”的代名词。

《皇帝的新装》中，终于有了那振聋发聩的一声：“可是他什么衣服也没有穿啊！”正是小孩子的“天真的声音”唤醒了“所有的老百姓”，大家才一齐叫了起来：“他实在没有穿什么衣服啊！”这是画龙点睛的一笔。唯有未涉人世的、保持着生命本真状态的、纯洁而天真的孩子，才能无私无畏地直面真实，说出真相。

映潮说课

教学创意：文意概说，探索发现，选点精读

本文的教学尝试长文短教，教师可用一个课时完成教学与训练任务。

课始进行背景铺垫，介绍作家作品。

活动一：说说初读感受

话题：概说《皇帝的新装》是一篇什么样的童话故事。

学生发言，教师小结：

这篇童话通过讲述一个昏庸无能而又穷奢极欲的皇帝受骗上当的故事，揭露和讽刺了皇帝和大臣们的虚伪、愚蠢和自欺欺人的丑行。“皇帝的新装”五个字，有着深刻的含义。

教师顺势进行字词积累教学：

（1）字音字形。

炫（xuàn）耀	称（chèn）职	妥（tuǒ）当	呈（chéng）报
钦（qīn）差	滑稽（jī）	陛（bì）下	爵（jué）士
头衔（xián）	御聘（yù pìn）	骇（hài）人听闻	随声附和（hè）

（2）词义解释。

炫耀：夸耀。

称职：思想水平和工作能力都能胜任所担任的职务。

不可救药：病重到不可救治，比喻人或事物坏到无法挽救的地步。药，用药治疗。

妥当：稳妥适当。

忙碌：忙着做各种事情。

骇人听闻：使人听了非常吃惊。（多指社会上发生的坏事）

随声附和：别人说什么，自己也跟着说什么，没有主见。

头衔：指官衔、学衔等称号。

钦差：由皇帝派遣，代表皇帝出外办理重大事件的官员。

活动二：品析首段作用

话题：根据全文内容品析课文第一段的作用。

许多年以前，有一位皇帝，他非常喜欢好看的新衣服。为了要穿得漂亮，他不惜把他所有的钱都花掉。他既不关心他的军队，也不喜欢去看戏，也不喜欢乘着马车去游公园——除非是为了去炫耀一下他的新衣服。

他每一天每一点钟都要换一套衣服。人们提到他，总是说："皇上在更衣室里。"

学生结合全文进行研读，表达看法。师生对话。教师小结：

故事开篇——介绍主要人物，一个荒唐的皇帝出场。

对比手法——写皇帝爱"新装"到了如痴如狂的地步；"既不……也不……也不……除非……"，写出他爱穿新衣服胜过任何活动。

夸张手法——"每一天每一点钟都要换一套衣服"和"皇上在更衣室里"；写皇帝的怪癖，为故事的展开进行了有力的铺垫。

伏笔安排——他还喜欢"炫耀一下他的新衣服"，为后文写他穿着那套"新装"裸体游行预设了伏笔。

有了这里的描写，后面的故事情节都顺理成章。

教师顺势点示本文线索：新装、骗。

学生选取关键词做好课中笔记。

活动三：课文选点精读

任务：请学生精细品读课文第二十四至三十七段。（"第二天早上，游行大典就要举行了"至"手中托着一条并不存在的后裙"）

话题：品析这一部分细节描写的表现力。

学生研读，批注，课中发言。教师小结：

这一部分的细节描写表现了骗子、皇帝、骑士、人们、小孩等众多的人物形象；这一部分的细节描写主要是语言描写，它们推动着故事情节的发展；这里的语言细节描写，让大人们都成了"骗子"；这里的语言描写使故事情节产生了巨大的波澜；这里的细节描写用一个小孩子的话凸显了文章的表达目的。

活动四：课文寓意揣摩

话题：揣摩这篇童话的表达目的，品味故事的含义、意味或意蕴。

师生对话的内容主要有：

“皇帝的新装”是自欺欺人的代名词。

“皇帝的新装”表示由于私利而自欺欺人的恶行。

“皇帝的新装”表现着骗局与权力的结合。

骗子的高明在于抓住了人性的弱点——自私、虚伪、虚荣。

“皇帝的新装”成了一切掩盖真实的假象的代名词。

因为虚荣，因为利益，便可以让骗局成真。

让人深思的是，荒诞的骗局居然首先让皇帝、大臣落入圈套。

故事告诉我们，应该保持天真烂漫的童心，无私无畏，敢于说真话。

…………

18.《济南的冬天》创新教学设计

映潮品读

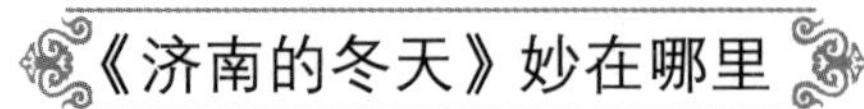

《济南的冬天》妙在哪里

妙在由议而叙。请欣赏《济南的冬天》第一段：

对于一个在北平住惯的人，像我，冬天要是不刮大风，便觉得是奇迹；济南的冬天是没有风声的。对于一个刚由伦敦回来的人，像我，冬天要能看得见日光，便觉得是怪事；济南的冬天是响晴的。自然，在热带的地方，日光是永远那么毒，响亮的天气反有点儿叫人害怕。可是，在北中国的冬天，而能有温晴的天气，济南真得算个宝地。

这段话直抒胸臆，以议论为主，也有抒情。第一段作为文章的开头部分，表现出浓浓的“未成曲调先有情”的味道，定下了全文描写、抒情的基调，“能有温晴的天气，济南真得算个宝地”像线索一样贯穿全文。

妙在写景抒情。如文中写小雪的段落，作者先用“最妙的是下点儿小雪呀”一句总提全段，然后描绘了雪中之山的绚丽多姿，最后以“感叹式抒情”结束全段：“就是下小雪吧，济南是受不住大雪的，那些小山太秀气！”再如文中勾勒了古老的济南城内、城外的全貌之后，紧接着进行了“联想式抒情”，说古老的济南，“这是张小水墨画，也许是唐代的名手画的吧”。在这样短的篇幅之中，作者用了不同的方式借景抒情，实实在在地表现了不寻常的语言功夫。

妙在寓情入景。作者将热爱、赞美之情蕴含在对景物的描写之中。在作者笔下，济南的天气是温晴的，小山是可爱的，雪景是秀美的，碧水是多情的。没有心中激荡着的热情，写不出济南冬天如此令人喜爱的特点。作者寓情于景，十分注重表达方式的选用。一是运用了大量的富有感情的词语，如“特别”“可爱”“真的”“最妙”“越发”“微微露出”，这些词语饱含着作者的赞美之情。二是口语化的句式，如“他们也并不着急，因为有这样慈善的冬天，干啥还希望别的呢！”“况且那些长枝的垂柳还要在水里照个影儿呢！”这样的语言亲切生动、自然贴切，透出作者对济南的冬天真切的喜爱之情。三是比喻、拟人等修辞手法的运用，如作者写水，把水人格化，水多情得“不忍得冻上”；写天空，把天空比作“空灵的蓝水晶”，济南的美都熔铸在其中。作者融感情于景物描写，给人以美好的感受。

妙在以小写大。济南并不是很小的地方，然而我们觉得它处处秀美。奥妙之处就在于作者的表现手法。看下面的句子：

小山整把济南围了个圈儿，只有北边缺着点儿口儿。这一圈小山在冬天特别可爱，好像是把济南放在一个小摇篮里。

一道儿白，一道儿暗黄，给山们穿上一件带水纹的花衣。

山坡上卧着些小村庄，小村庄的房顶上卧着点儿雪，对，这是张小水墨画，也许是唐代的名手画的吧。

整个的是块空灵的蓝水晶。这块水晶里，包着红屋顶，黄草山，像地毯上的小团花的小灰色树影。

“小摇篮”表现的是秀美的山形地貌和舒适的冬暖环境，“带水纹的花衣”展现的是雪后山色的斑斓和飘逸美好的情韵，“小水墨画”写出了山村的疏朗点缀和色彩的古朴淡雅，“空灵的蓝水晶”让我们看到了天光水色的清净透明和温晴泉城的亮丽色彩。它们以小喻大，以小写大，以美写美，让济南的冬天充满了诗情画意。

妙在山水相依。作者写济南，其实就是写山水之美；一个城市有了山水之美，还何愁没有美丽可言。作者依山写水，山水之间，相得益彰。有人这样评价道：“文章首先让读者鸟瞰全城，得其全貌，然后再让读者饱览那一城山色，雪后斜阳，最后才把读者领到那垂柳岸边，领略那‘水不但不结冰，反倒在绿萍上冒着点儿热气’，而水藻越晴越绿的水上景色。由大到小地写来，从山到水地写去，层次分明，脉络清晰。各大层次的内部，又同中有异，如第二段的由写景而兼及写人，第三段的由写雪而兼及写晴，第五段的由写水面而兼及写天空。笔法活脱，不失参差错落之致。”（引自张炼强《〈济南的冬天〉的写景艺术》）

妙在段落精巧。作者写段的技巧非常高妙，让人赞叹。如大家都喜欢欣赏一番的第四段：

最妙的是下点儿小雪呀。……就是下小雪吧，济南是受不住大雪的，那些小山太秀气！

这一段美在多角度反复，从山上、山尖、山坡、山腰各个不同的部位写雪后初霁的小山之美；美在色彩点染，亮丽的色彩点缀着小山，小山充满着生命的活力；美在化静为动，“给山们穿上一件带水纹的花衣”“看着看着，这件花衣好像被风儿吹动”；美在以虚写实，“叫你希望看见一点儿更美的山的肌肤”；美在段末点题，“就是下小雪吧，济南是受不住大雪的，那些小山太秀气”。

《济南的冬天》，还妙在画面流转，妙在俯仰有致，妙在虚实相映，妙在巧用修辞……它的高妙、精妙、微妙之处，一时难以言尽。

映潮说课

教学创意：从“宏”到“微”，逐层深入

（1）说读活动

教师：课文的最后一句话是“这就是冬天的济南”，现在，请同学们选择课文内容并组合课文文句，用“____，这就是冬天的济南”的段落形式来说话。

说明：这个活动既把学生深深地引入课文，引导学生从课文整体的角度领会全文的基本内容，又训练了学生整合课文信息，运用准确生动的语言综合表达课文信息的能力。

教师示例：古老的济南，城内那么狭窄，城外又那么宽敞，山坡上卧着些小村庄，小村庄的房顶上卧着点儿雪，就像一张小小的水墨画，这就是冬天的济南。

学生自读课文，根据课文内容自由表述。

教师对学习过程进行小结，用优美的形式小结济南的冬天不同侧面的特点：

城之美

古老的济南，城内那么狭窄，城外又那么宽敞，山坡上卧着些小村庄，小村庄的房顶上卧着点儿雪，对，这是张小水墨画，也许是唐代的名手画的吧。

山之美

这一圈小山在冬天特别可爱，好像是把济南放在一个小摇篮里，他们全安静不动地低声地说：“你们放心吧，这儿准保暖和。”

雪之美

山尖全白了，给蓝天镶上一道银边。山坡上有的地方雪厚点儿，有的地方草色还露着；这样，一道儿白，一道儿暗黄，给山们穿上一件带水纹的花衣；看着看着，这件花衣好像被风儿吹动，叫你希望看见一点儿更美的山的肌肤。

水之美

那水呢，不但不结冰，反倒在绿萍上冒着点儿热气。水藻真绿，把终年贮蓄的绿色全拿出来了。天儿越晴，水藻越绿，就凭这些绿的精神，水也不忍得冻上；况且那些长枝的垂柳还要在水里照个影儿呢。

（2）品读活动

过渡，并穿插字词教学，顺势引出下面的内容。

教师：分别说说下面四个比喻为什么用得好，“小摇篮”“带水纹的花衣”“小水墨画”“空灵的蓝水晶”。

说明：如果说前面的“说读活动”是从“宏观”的角度、从课文整体的角度引导学生理解课文内容的话，那么这一次“品读活动”就是从“中观”的角度、从课文重要内容的角度引导学生对课文进行品读。这四个喻体，分别出现在四个段落之中，既串起了对各段内容的理解，又凸显了对作者手法的理解。

活动组织：分四个小组开展活动，每个小组解决一个比喻的品读，然后在全班交流。

教师进行学习过程小结。小结的内容可见“映潮品读”部分“妙在以小写大”的内容。

（3）练读活动

教师：让我们把学习的视点移向课文中最美的一段，请大家独立完成此段阅读的综合练习。

说明：此次教学活动着眼于“微观”，着眼于对学生进行实实在在的精段阅读能力的训练，多角度地、反复地利用课文训练学生的能力。这既符合阅读教学要求，也符合本课课后练习设计的要求。

精段阅读综合练习：

最妙的是下点小雪呀。看吧，山上的矮松越发的青黑，树尖儿上顶着一髻儿白花，好像日本看护妇。山尖全白了，给蓝天镶上一道银边。山坡上有的地方雪厚点儿，有的地方草色还露着；这样，一道儿白，一道儿暗黄，给山们穿上一件带水纹的花衣；看着看着，这件花衣好像被风儿吹动，叫你希望看见一点儿更美的山的肌肤。等到快日落的时候，微黄的阳光斜射在山腰上，那点儿薄雪好像忽然害了羞，微微露出点儿粉色。就是下小雪吧，济南是受不住大雪的，那些小山太秀气！

①朗读这一段，体味一下：哪些字词最有助于朗读时表达情感？（如：“呀”“看吧”“越发”“全”“吧”“太”）

②对这段文字进行诗意的“画面命名”。（如：“雪后斜阳”）

③圈出像线索一样贯穿全段的一个字。（“妙”）

④划分这段文字的层次结构。（“最妙的是下点小雪呀。｜看吧，山上的矮松越发的青黑，……微微露出点儿粉色。｜就是下小雪吧，济南是受不住大雪的，那些小山太秀气！”）

⑤这段文字中的动词用得好，试举两例进行说明。（如：“顶”“镶”……）

⑥这段文字中的色彩词用得好，试举一例进行说明。（如：“蓝”“银”“粉色”……）

⑦这段文字中运用了化静为动的手法，试进行分析。（如：“这件花衣好像被风儿吹动，叫你希望看见一点儿更美的山的肌肤。”）

⑧请你背读这段文字。

教师对练习进行评讲，小结。

教师对整节课的学习活动进行小结：

我们今天实践与体味的是文章的一种读法：理解一篇，精读一段，欣赏一点。

19.《孔乙己》创新教学设计

映潮品读

对《孔乙己》的话题式品读

下面的分析，都是通过一个角度，从某个侧面切入，来带动对《孔乙己》全篇文章的阅读理解。它们表明，只要对教材进行深入细致的分析，我们是可以找到、抓住和拎出“牵一发而动全身”的问题，从而进行课文整体赏析的。

角度一：作者通过手的描写来表现孔乙己的悲剧命运

在鲁迅的笔下，孔乙己有一双与别人既一样又不一样的手。这不仅表现在这双手特有的形状和极富个性特征的动作上，更表现在这双手特有的用途上。除了替别人抄东西赚点钱之外，孔乙己的双手还有四种特殊用途：第一，蘸酒写字；第二，偷窃东西；第三，书写服辩；第四，代脚“走路”。作者用了细节描写、穿插叙述、侧面介绍以及正面白描等方法，通过对手的描绘，揭示了极其丰富的思想内涵，深刻地表现了封建社会里旧知识分子中大多数人的悲惨命运。课文对孔乙己双手特殊用途的描写，贯串着故事从开始到结束的全过程，陪伴着孔乙己的出现和消逝。孔乙己这样一个写得一笔好字的人，其功夫的最后显现，竟是在一个中了举人的“读书人”面前写认罪书；孔乙己那双本应具有谋生本领的手，最终成为他爬向死亡的工具。可见，作者对孔乙己双手的反常描叙，深刻地表现了孔乙己的悲剧，也强化了这悲剧带给人们的思索。

角度二：课文对孔乙己的脸色进行了多角度的描写

作者在课文中，用“青白”“红”“灰”“黑”等寥寥数字，对孔乙己的脸色变化进行了五次描写。这些极为简省的笔墨，也是表现人物性格、揭示人物命运的不可缺少的因素。先看动态的脸色变化。在酒客们的取笑

之中，孔乙己的脸色经历了一次短暂的由“涨红”到笼上一层“灰色”的变化。这变化说明了周围的人对孔乙己嘲弄挖苦之尖刻，同时也表现了孔乙己在无情嘲弄之中心理的急剧变化。如果说“涨红”显示了他不敢正视现实、害怕别人揭短的心理，那么“灰色”则表现了他内心的遗憾被人深深击中之后的痛苦和羞辱，这里的描写确有神形兼备之妙。再看静态的脸色变化。孔乙己出场时，是“青白”脸色，许多日子之后，他最后一次出现时，已是面目全非，拖着断腿不说，脸是“黑而且瘦”“不成样子”。文中的“青白”，表现了孔乙己是在半饥半饱中延续生命；文中的“黑”，则表现了他已受到巨大摧残，完全没有了活力，变成了像鬼一样的人。孔乙己脸色由“青白”到“黑”的变化，有一个较长的过程，它饱含着在冷漠无情的社会里，孔乙己的许多悲哀，表现了封建制度和封建文化对孔乙己的愚弄和毒害，预示着他一步一步地走向死亡。

角度三：孔乙己的“偷”

孔乙己地位的低下是由于他的贫穷潦倒、好喝懒做和行为不端。作者在小说中不厌其烦地描写他的“偷”，在于用一个“偷”字贯穿全文，从而更广泛、更深程度地从不同的方面揭示作品的思想内涵。第一，“偷”——喝酒的经济来源之一。孔乙己替人抄书，可以混口饭吃，但他好喝，便免不了做些偷窃的事。小说中不论写孔乙己“排出九文大钱”，还是写他“摸出四文大钱”，其目的都是表现孔乙己的钱消耗在酒上。为喝而“偷”，深刻揭露了孔乙己好喝懒做的性格。第二，“偷”——旁人取笑的中心内容。小说中浓墨重彩地描绘了众人、酒客、掌柜的几次无情嘲笑和无聊哄笑，都与“偷”字有关。“偷”成了人们取笑、挖苦、揭短的把柄，由“偷”引出的笑，表现了社会环境的冷漠。第三，“偷”——挨打的直接原因。小说中的孔乙己，不管是皱纹间时常夹些伤痕，还是脸上又添新伤疤，以至被打折了双腿，他始终都没有醒悟过来，世人也没有停止对他的打。具有悲剧意义的是，成了举人的读书人丁某没有打折孔乙己那双偷东西的手，却残酷地打折了他的双腿，最终断了孔乙己的生活之路，这其中的含义该是多么深刻。值得一说的是，作者写孔乙己的“偷”，全部采用侧面表现的形式，且写的仅只是小偷小摸之类，这其中又饱含着作者多少又怒又哀的情！

角度四：《孔乙己》中的“笑”

《孔乙己》中有十几处写到众人的“笑”。作者处处突出旁人的嘲弄、哄笑，在每一层描叙之后，都以“哄笑”“笑声”一类语句作结，以至形成一种节奏。笑声，在小说中显示出独特的艺术力量。第一，笑声中融贯着情节。孔乙己在笑声中出场，在笑声中演了一幕更比一幕惨的悲剧，又在笑声中凄然消逝，在人们的笑声中，孔乙己一步一步走向了死亡。第二，笑声中表现着不同的人物。众人把孔乙己当作笑料和玩物，大声地哄笑；酒客以揭短为乐，幸灾乐祸地嘲笑。“我”能够附和着“笑”，掌柜的“笑”也参与其中。各种不同表情、不同心态的“笑”表现了人们的麻木不仁和冷漠无情。第三，笑声中展现了孔乙己的音容笑貌，展示了孔乙己的性格。两次众人的哄笑，巧妙地揭示了形成孔乙己思想性格的主要原因；孩子们的“笑”，表现了孔乙己的迂腐和善良；打折腿后人们的嘲笑，表现了孔乙己的至死而不悟。总之，作者以“笑”的描写贯穿全文，既是对孔乙己性格的批判，也是对社会的冷酷、人们的麻木的批判。同时，全文悲剧的内容在喜剧的气氛中进行，以“笑”写悲，更增加了故事的悲剧色彩。

映潮说课

教学创意：了解一点基本知识，实践一种基本方法

所谓“课中比读”，就是在课文中选择适当的部分，进行比较阅读。

在中学语文教材中，鲁迅的不少作品是适合“课中比读”的。

本课的教学过程由两个大的教学步骤构成：第一步，了解一点基本知识；第二步，实践一种基本方法。

（1）了解一点基本知识

这个环节主要是教师讲授课文的基本知识。

这一个步骤的目的，是为了对课文教学进行厚重的铺垫，也是为了让学生在预习的基础上对课文内容有整体的了解。

如下面的内容，都可以有选择地纳入“了解一点基本知识”的教学

之中：

①《孔乙己》：选自《呐喊》。《呐喊》是鲁迅 1918 年至 1922 年所作的短篇小说的结集。

②时间：清朝末年。

③视角：儿童视角。

④内容：以咸亨酒店小伙计的口吻，讲述他眼中的孔乙己的凄惨遭遇。

⑤主角：孔乙己。可悲之处在于其身份的边缘性。连处于社会底层的人都能任意地嘲笑他。他是一个孤独无助的形象。

⑥场景：咸亨酒店。酒店对于描写孔乙己的性格和表现人们对孔乙己的态度，是最合适的。更重要的是，酒店的设置，能在一个场景里集中地表现人物、叙述故事。

⑦看客：短衣主顾，其他人。鲁迅总是要在他的悲剧主人公的周围，设置一群“无主名无意识的杀人团”，构成一种社会环境和氛围，从而形成“看、被看”的叙述模式。

⑧氛围：笑。笑纵贯了《孔乙己》一文的始末。孔乙己在人们的笑声中登场，在人们的笑声中表演，最后又在人们的笑声中走向死亡。

⑨结构：三个故事单元。一是孔乙己两次被取笑的故事，二是孔乙己“只好向孩子说话”的两个故事，三是孔乙己被打折了腿及最后一次到店的故事。

⑩表现人物的丰富角度：作品从孔乙己与“酒”、孔乙己与“偷”、孔乙己与“打”、孔乙己与“笑”、孔乙己的“手”、孔乙己的“脸色”、孔乙己的出场和退场等不同的线索来表现他的性格与命运。

⑪特征：长衫，语言，手。它们是孔乙己最明显的人物特征。长衫是一种象征。语言直接呈现人物的身份背景。手的不同阶段的功用隐喻着孔乙己的人生命运。

⑫命运：模糊性存在。孔乙己没有名字。生命的意义仅止于笑料。连“死”也是不可确定的。鲁迅通过孔乙己的故事对封建社会中国知识分子生存状况、命运际遇进行了深刻表现。

（2）实践一种基本方法

这个环节主要是学生进行阅读方法的实践。

教师指出：鲁迅先生的文章，有不少是可以用“选点比读”的方法来品读欣赏的，如《从百草园到三味书屋》《雪》《故乡》《阿长和山海经》等，《孔乙己》同样能够这样品读欣赏。

教师出示学习任务：《孔乙己》选点比读。

话题：在第四段与第十一段的对比阅读中感受孔乙己的变化。

第四段：孔乙己是站着喝酒而穿长衫的唯一的人。他身材很高大；青白脸色，皱纹间时常夹些伤痕；一部乱蓬蓬的花白的胡子。穿的虽然是长衫，可是又脏又破，似乎十多年没有补，也没有洗。他对人说话，总是满口之乎者也，教人半懂不懂的。因为他姓孔，别人便从描红纸上的“上大人孔乙己”这半懂不懂的话里，替他取下一个绰号，叫作孔乙己。孔乙己一到店，所有喝酒的人便都看着他笑，有的叫道，“孔乙己，你脸上又添上新伤疤了！”他不回答，对柜里说：“温两碗酒，要一碟茴香豆。”便排出九文大钱。他们又故意的高声嚷道：“你一定又偷人家的东西了！”孔乙己睁大眼睛说：“你怎么这样凭空污人清白……”“什么清白？我前天亲眼见你偷了何家的书，吊着打。”孔乙己便涨红了脸，额上的青筋条条绽出，争辩道：“窃书不能算偷……窃书！……读书人的事，能算偷么？”接连便是难懂的话，什么“君子固穷”，什么“者乎”之类的，引得众人都哄笑起来：店内外充满了快活的空气。

第十一段：中秋过后，秋风是一天凉比一天，看看将近初冬；我整天的靠着火，也须穿上棉袄了。一天的下半天，没有一个顾客，我正合了眼坐着。忽然间听得一个声音：“温一碗酒。”这声音虽然极低，却很耳熟。看时又全没有人。站起来向外一望，那孔乙己便在柜台下对了门槛坐着。他脸上黑而且瘦，已经不成样子；穿一件破夹袄，盘着两腿，下面垫一个蒲包，用草绳在肩上挂住；见了我，又说道：“温一碗酒。”掌柜也伸出头去，一面说：“孔乙己么？你还欠十九个钱呢！”孔乙己很颓唐的仰面答道：“这……下回还清罢。这一回是现钱，酒要好。”掌柜仍然同平常一样，笑着对他说：“孔乙己，你又偷东西了！”但他这回却不十分分辩，单说了一句“不要取笑！”“取笑？要是不偷，怎么会打断腿？”孔乙

己低声说道："跌断，跌，跌……"他的眼色，很像恳求掌柜，不要再提。此时已经聚集了几个人，便和掌柜都笑了。我温了酒，端出去，放在门槛上。他从破衣袋里摸出四文大钱，放在我手里，见他满手是泥，原来他便用这手走来的。不一会，他喝完酒，便又在旁人的说笑声中，坐着用这手慢慢走去了。

学生独立地自读课文，对比阅读课文第四段与第十一段。

学生分组活动，交流，研讨。

学生进行全班交流，教师参与对话。

在这样的对比阅读中，学生可以发现众多的"对比点"，教师的点评要及时跟上，要优化学生的发言，深化学生的看法。

教师要对讨论的结果进行小结：

课文的第四段与第十一段，对比点非常丰富。如：出场与退场，正常与残疾，伤痕与断腿，长衫与夹袄，文言与白话，青白与黑色，真话与撒谎，眼睛与眼神……

还有：时令，形貌，姿态，衣着，语气，动作，眼神，语言，酒量……这些对比，把精神和肉体受到巨大摧残的孔乙己的形象鲜明地呈现在读者面前，激起人们深深的思索。

教师最后指出：

"选点比读"是一种巧妙的阅读方法。有"比读"必有反复，有"比读"必有细节，有"比读"必有深入。"比读"既能训练阅读能力，又能培养思维能力。

附《孔乙己》课文品析教学可以设计的新话题：

①品一品孔乙己"手"的描写。

②赏析孔乙己的"挨打"描写。

③品析《孔乙己》第一段的表达作用。

④《孔乙己》第十一段精读品析。

⑤《孔乙己》中"钱"的作用赏析。

20.《沁园春·雪》创新教学设计

映潮品读

《沁园春·雪》诗句的多角度欣赏

下面的内容是综合了一些资料，加上我自己的理解，组合而成的对《沁园春·雪》的文句欣赏。

北国风光，千里冰封，万里雪飘。

这三句总写雄奇雪景，“北国风光”是上片内容的总领句。

“千里”“万里”互文见义，意即千万里都是冰封，千万里都是雪飘。这里写出了天地茫茫，纯然一色的北国雪景。

“千里冰封，万里雪飘”写得好，视野辽阔，色泽净美，动静交织，情趣豪迈，雄伟壮丽，生气勃勃。

“封”字用得好，此字显得凝然安静；“飘”字用得好，此字显得轻盈柔美。

诗人笔下的北国雪景，空间极其辽阔，景色极为壮丽，把读者引入一个冰天雪地、广袤无垠的银色世界，令人感受到诗人豪迈的胸怀，雄伟的气魄，以及对祖国山河的热爱。

望长城内外，惟余莽莽；大河上下，顿失滔滔。山舞银蛇，原驰蜡象，欲与天公试比高。

这七句具体写雪中山河的壮丽。

“望”字统领七个句子，描写了广袤无垠土地上的壮丽山河，气象雄伟，意境磅礴。

“长城内外”写从南到北，“大河上下”写自西向东。地域如此广袤，正与前面“千里”“万里”两句相照应。意境的大气磅礴显示了诗人博大的胸怀。

“惟余莽莽”“顿失滔滔”分别照应“雪飘”和“冰封”。“惟余”二字，强化了白茫茫的壮阔景象。“顿失”二字，则写出变化之速，寒威之烈，又使人联想到未冰封时大河波涛滚滚的雄壮气势。

“山舞银蛇，原驰蜡象”写得好，前者舒展柔美，后者奔腾壮烈，动感、美感丰富。“舞”和“驰”这两个动词用得极为传神，把冰封雪盖的群山高原写活了，赋静景以动态，使之生机勃勃。

“欲与天公试比高”，一个“欲”字把“山”“原”人格化，生动地写出它们雄心勃勃的精神面貌和昂扬奋发的气概。

雪景以“白”为特征，词中却未写一个“白”字，而用“冰”“雪”“银”“蜡”“素”等，将一个被大雪所覆盖的洁白美丽的广阔世界尽现读者眼前。

须晴日，看红装素裹，分外妖娆。

这三句写的是虚景，想象雪后晴日当空的景象，翻出一派新的气象。

“看”字与“望”字照应；“红装素裹”，把江山美景比成少女的衣装，形容红日与白雪交相辉映的艳丽景象。“分外妖娆”，赞美的激情溢于言表。

“红装素裹”指素淡无华的衣着衬上艳红适中的化妆，显得十分大方和漂亮。“妖娆”指少女的婀娜多姿、艳丽动人。这里也运用了拟人手法，把雪后景象写得有血有肉，栩栩如生，富有感染力。

“须晴日，看红装素裹，分外妖娆”写得好，它在想象之中表现了北国景色的壮阔、雄健、纯美，赞美的激情溢于言表。

写想象中的雪后天晴、红日高照的美好景象时用一个“看”字，把诗人欣然观赏之状、无限赞叹之情表达得细致入微。

江山如此多娇，引无数英雄竞折腰。

这两句是上文写景与下文议论之间全词浑然一体的过渡。

“江山如此多娇”承上，总括上片的写景，对“北国风光”作总评；“引无数英雄竞折腰”启下，展开对历代英雄的评论，抒发诗人的抱负。

“竞折腰”写古往今来，无数英雄豪杰为江山社稷奔走操劳。江山美好，引得古今许多英雄人物为之倾倒。

一个“竞”字，写出英雄之间激烈的争斗，写出一代代英雄的相继崛起。

“江山”这一双关语词，与上片中的“长城”“大河”相融合，具有画龙点睛之意。

“江山如此多娇”可以理解为这首词的基本构架。作为政治家的词人，对“北国风光”的抒怀，最终还是对江山社稷的关怀。

惜秦皇汉武，略输文采；唐宗宋祖，稍逊风骚。一代天骄，成吉思汗，只识弯弓射大雕。

这七句评论历史上的帝王形象。

“惜”字用得好，它领起七个句子，表现了作者纵想千年历史、评说封建帝王的超凡气概。

一个“惜”字，定下对历代英雄人物的评论基调，既饱含惋惜之情，又有批判。然而措辞极有分寸，“略输文采”“稍逊风骚”，并不是一概否定。

对于成吉思汗，欲抑先扬，在起伏的文势中不但有很是惋惜的意味，而且因“只识”二字而略带嘲讽之意。“弯弓射大雕”，非常传神地表现了成吉思汗只恃武功而不知文治的形象。

俱往矣，数风流人物，还看今朝。

这三句抒发诗人心中的豪情。

“俱往矣，数风流人物，还看今朝”写得好，表达、升华了词的主题。它既是深刻的议论，又是豪壮的抒情，抒发了无产阶级革命领袖前无古人的伟大情怀。“俱往矣”三字，将几千年封建社会历史及一系列封建帝王一笔带过，转而歌颂“今朝”的“风流人物”，笔力千钧，意味深长。

“数风流人物，还看今朝”深刻表现了诗人作为革命领袖对创造空前历史业绩的自信、自励和抱负。

本词上阕以写景为主，前三句是总写，概括力极强。中间七句是具体描写，形象生动，写得较详。后三句写想象中的景色，写得较略。此中有详有略，有静态有动态，有实写有虚写，有比喻有拟人。通过这些生动的描写，抒发了作者对祖国山河的热爱与赞美。

下阕以议论抒情为主。前两句承接上文的写景并转入议论。中间七句具体评价了几个有代表性的历史杰出人物。这些评价为结尾部分抒发无产阶级的英雄豪情作了充分的铺垫。最后三句达到了抒发这种英雄豪情的顶峰，是全词的高潮。

映潮说课

教学创意：朗读为线，分步品读

导入：

毛泽东的《沁园春·雪》画面壮阔，意境雄浑，气势磅礴，雄健豪放，是中国词坛杰出的咏雪抒怀之作。毛泽东诗词中，评价最高、影响最大的，非它莫属。

铺垫一：

词：由古诗发展而来的可配乐歌唱的文言诗歌体裁。

词牌：词的格式的名称，如“沁园春”。

词题：词牌下面用来表示词的内容的题目，如“雪”。

阕：曲终叫作“阕”。大多数词分为前后两“阕”，也叫上阕、下阕或上片、下片。

铺垫二：

《沁园春·雪》作于1936年2月，当时正是红军渡河东征、出师抗日期间。1945年8月，毛泽东亲赴重庆与国民党谈判。柳亚子索句，毛泽东手书此词以赠。

铺垫三：

妖娆（ráo）　　折（zhé）腰　　稍逊（xùn）　　风骚（sāo）

成吉思汗（hán）

天公：指天。

折腰：鞠躬，倾倒。

文采：本指诗藻。文中用来概括广义的文化，包括政治、思想、文化在内。

风骚：本指《诗经》里的国风和《楚辞》里的离骚。文中用来概括广义的文化。

弯弓：拉弓。

大雕：一种凶猛的鸟，飞得又高又快，不易射中，古人常用“射雕”来比喻善射。

（1）朗读，感受内容

朗读训练：吐字要有力度。

①学生反复、高声诵读课文。

②教师朗读示范，学生听读。

③学生再朗读。在朗读中感受词中雄伟瑰丽的景物描写，诗人深厚的爱国主义思想感情和评说帝王的气魄。

④请学生自选内容、自定角度，说一说自己的阅读感受。学生发言，老师顺势点示出课文内容的语言之美、音韵之美、结构之美、手法之美、描写之美、抒情之美……，点示课文的上阕写景抒情、下阕议论抒情的表达特点。

（2）朗读，理解文意

朗读训练：语速疾徐有致。

①教师指导学生朗读课文。着重训练读好“望”和“惜”两个领字。读出它们的情感与语音长度。

②教师示例：理解这首词的文意，可以用“联语”的方式来进行。如：

写景，纵横千万里，大气磅礴，旷达豪迈；

议论，上下几千年，气雄万古，风流豪壮。

③请学生用“联语”的方式，概说课文内容。

学生可以说：

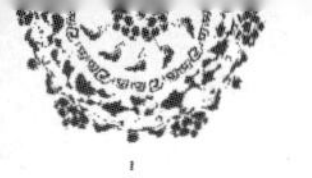

上阕写景，情景交融；

下阕议论，评古论今。

上阕写景，画面壮美；

下阕议论，气势恢宏。

上阕写景，洋溢着热烈奔放的情感；

下阕议论，展现出前无古人的气概。

上阕描写无边雪景，展现山河的壮丽；

下阕纵论历代帝王，抒发诗人的豪情。

学生还可以说：

上阕写景，侧重写空间，展现了北国冬景奇雄壮丽的画卷；

下阕议论，侧重写时间，表现了俯仰古今豪情满怀的气概。

…………

教师顺势请学生背诵这首词。

教师进行活动小结。

（3）朗读，欣赏语言

朗读训练：豪迈激情演读。

①教师指导朗读。特别注意读好下阕收束处的语音高度。

②指导学生进行词句揣摩。学习的主要方式是进行“一句话品析”。请学生自由品析，说说这首词中哪些字用得好，哪些词用得好，什么句写得好。如“惟”字用得好，强调了雪原的纯然一色；“顿”字用得好，有力地表现了严寒的力量……

③学生品读课文，表达自己的见解。师生对话。

教师小结，学生笔记：

“封”字用得好，写出了宁静肃穆。

“飘”字用得好，写出了舒展柔美。

“舞”字用得好，写出了逶迤曲折。

“驰”字用得好，写出了奔腾壮烈。

“欲”字用得好，写出了勃勃雄心。

“竞”字用得好，写出了英雄风采。

“惜”字用得好，写出了超凡气概。

“看”字用得好，写出了豪情满怀。

…………

以上三步完成以后，这首词就基本上读懂了。在懂的基础上再来朗读，感觉又不一样，这时可用“赛读”的方式，更好地读出全词的节奏、层次、情感、气魄。

21.《散步》创新教学设计

映潮品读

《散步》写作模式欣赏

莫怀戚的美文《散步》的写作模式非常好：通俗、精致、实用。现在让我们从学写作文的角度来解析《散步》。

我们在田野上散步：我，我的母亲，我的妻子和儿子。

这一段是文章的开头，是典型的“切入”式开头，是开门见山。也可以说是**“轻点一笔”**。其表达作用是用极简洁的语言写出事物的一种结果，或者显现一个生活的画面。

母亲本不愿出来的；她老了，身体不好，走远一点儿就觉得累。我说，正因为如此，才应该多走走。母亲信服地点点头，便去拿外套。她现在很听我的话，就像我小时候很听她的话一样。

这一段话在文章中的作用，是回过头来对文章第一段所叙写的人物进行补说、解释。可以说是**“交代一笔”**。

天气很好。今年的春天来得太迟，太迟了，有一些老人挺不住，在清明将到的时候死去了。但是春天总算来了。我的母亲又熬过了一个严冬。

这南方的初春的田野！大块儿小块儿的新绿随意地铺着，有的浓，有的淡；树枝上的嫩芽儿也密了；田里的冬水也咕咕地起着水泡儿……这一切都使人想着一样东西——生命。

这两段离开事件叙述的主线，笔触主要指向时令与景物的描写，用景物显现美好，用景物显现氛围，用景物显现生命之力，用景物的描写来烘托一家人散步的美好背景。这可以叫作**“穿插一笔”**。

我和母亲走在前面，我的妻子和儿子走在后面。小家伙突然叫起来："前面也是妈妈和儿子，后面也是妈妈和儿子！"我们都笑了。

这一段回到故事的主线，与第一段联了起来，开始出现"镜头"。从表现的手法看，这是"点染"；从记叙的方法看，这是略写一家人的散步。这叫作**"简叙一笔"**。

后来发生了分歧：我的母亲要走大路，大路平顺；我的儿子要走小路，小路有意思……不过，一切都取决于我。我的母亲老了，她早已习惯听从她强壮的儿子；我的儿子还小，他还习惯听从他高大的父亲；妻子呢，在外面，她总是听我的。一霎时，我感到了责任的重大，就像民族领袖在严重关头时那样。我想找一个两全的办法，找不出；我想拆散一家人，分成两路，各得其所，终不愿意。我决定委屈儿子了，因为我伴同他的时日还长，我伴同母亲的时日已短。我说："走大路。"

但是母亲摸摸孙儿的小脑瓜，变了主意："还是走小路吧！"她的眼睛顺小路望过去：那里有金色的菜花、两行整齐的桑树，尽头一口水波粼粼的鱼塘。"我走不过去的地方，你就背着我。"母亲说。

这两段是文中的详写，写了一家人散步之中的美好"分歧"。由于有了"分歧"，就有了散步中的"故事"，就有了故事中的"波澜"，文章就有了"故事味"。这叫作**"巧折一笔"**。

这样，我们在阳光下，向着那菜花、桑树和鱼塘走去了。到了一处，我蹲下来，背起了我的母亲，妻子也蹲下来，背起了我们的儿子。我的母亲虽然高大，然而很瘦，自然不算重；儿子虽然很胖，毕竟幼小，自然也很轻。但我和妻子都是慢慢地，稳稳地，走得很仔细，好像我背上的同她背上的加起来，就是整个世界。

这一段，既抒发情感、表达感受，又透露意蕴、画龙点睛、深化主题。这叫作**"深化一笔"**。

所以，从学写作文的角度看，《散步》在构思上给我们这样的启迪：

轻点一笔——概说事件。

交代一笔——介绍原委。

穿插一笔——烘托点染。

简叙一笔——略写事件。

巧折一笔——写出波澜。

深化一笔——表达感悟。

除了**“穿插一笔”**之外，课文《背影》的结构模式与《散步》的结构模式非常相近，课文《从百草园到三味书屋》中的“老师不回答我的问题”那一部分，如果独立成文的话，其结构模式也与《散步》几乎一样。

它们呈现出一种文章结构上的规律，向我们展示了一种记叙文的写作模式。

映潮说课

教学创意：叙事抒情散文的多角度品析——说事，品情，赏景，析意

品读活动一：说事

导入：今天我们学习一篇表现家庭生活、表现亲情的美文。先请大家自由朗读课文，感受文章内容。

请学生从不同的角度、用不同的语言组合生动简明地介绍课文中的故事。

学生思考、表达：

这是一个三代同行的故事。我们在田野上散步：我，我的母亲，我的妻子和儿子。前面是妈妈和儿子，后面也是妈妈和儿子。

这是一个尊老爱幼的故事。课文写了一家三代人一起散步这样一件非常平常的事情，但就是在这平常的家庭琐事的叙述和描写中，文章通过讲述一个尊老爱幼的故事，表现出浓浓的深情。

这是一个关于散步的故事。故事中的一家人，有老年人，中年人，少年；有慈祥的奶奶，孝顺的儿子儿媳和天真可爱的孙子，故事从田野上的散步——这生活的一角，表现了三代人之间深沉的爱。

这是一个表现亲情无边的故事。在故事中，“母亲要走大路，大路平

顺；我的儿子要走小路，小路有意思”“我决定委屈儿子了，因为我伴同他的时日还长”“但是母亲摸摸孙儿的小脑瓜，变了主意：‘还是走小路吧！’”这里是互相爱护、尊重、体贴和理解的一家人，这里是一个幸福和谐的家庭，是美好生命的摇篮。

这是表现中年人责任感的故事。文中写了亲情，表达了真情，表现出一种责任感和使命感——沉重的责任自需背负，成熟的生命要爱护幼小的生命，善待衰老的生命。作为中年人，长辈和晚辈就是他的整个世界，他必须背起生活的重担，架起上下两代人之间的桥梁。

这是一个为生命感动的故事，这是一个表现心灵的关爱的故事。走过了冬天的祖孙三代，漫步在初春田野的小路上，温暖他们的，不仅是明媚的阳光，更有一份心灵的关爱。

教师小结：

这是一曲尊老爱幼的颂歌，它赞颂幸福的家庭是美好生命的摇篮，它表现成熟的生命要爱护幼小的生命、善待衰老的生命，它深情地表现作为中年人的责任……文章写了事，抒了情，绘了景，有着深长的韵味。

品读活动二：品情

请学生轻声朗读课文，体味、感受文中渗透出来的温情。

教师：在这个温情的故事中，情在字里行间，情在细节之中，情在作者的笔下。请学生从语言品析的角度感受文中的情感。

例：情在文章的开头里。如我们在田野上散步：我，我的母亲，我的妻子和儿子。全句很有意味，不用“三代人散步”而用现在的写法，表现出了浓浓的亲情。

学生静读课文，品析字里行间的情感。

学生课堂交流：

“她现在很听我的话，就像我小时候很听她的话一样”，这句话写母子关系，母亲明理，儿子孝顺，相映成趣，情意浓浓。

“我的母亲又熬过了一个严冬”，既写出了母亲忍受痛苦度过严冬的情景，又写出了“我”为母亲最终安然无恙而庆幸的心情，语言中的情意

丰厚。

“小家伙突然叫起来：‘前面也是妈妈和儿子，后面也是妈妈和儿子！’我们都笑了。”这两句话充满生活情趣，既表现了小家伙的天真、聪颖，又表现了家庭的幸福温馨。

“母亲摸摸孙儿的小脑瓜，变了主意：‘还是走小路吧！’”，摸摸，多么慈爱的动作；变了主意，多么无私的做法；一句“还是走小路”吧，写出了“我”的母亲对孙子的深深疼爱。

“我和妻子都是慢慢地，稳稳地，走得很仔细，好像我背上的同她背上的加起来，就是整个世界”一句，写出了呵护，写出了温馨，写出了责任感，写出了生活的美好。

教师小结：

文章的情感，文章的情意，要靠作者的语言来表达。这篇课文之所以让人们觉得“美”，就在于它的语言文字间渗透着真情与深情。

品读活动三：赏景

教师：叙事抒情的散文中，有时也会穿插一下景物的描写。请大家用探究的眼光来欣赏文中景物描写的表达作用：为什么要写一下景呢，它好在什么地方呢？

诗意朗读下面写景段：

这南方的初春的田野！大块儿小块儿的新绿随意地铺着，有的浓，有的淡；树枝上的嫩芽儿也密了；田里的冬水也咕咕地起着水泡儿……这一切都使人想着一样东西——生命。

教师：赏析这一段景物描写的方式是，老师说前半句，同学们说后半句。

师生们说起来：“新绿”用得好……，“随意”用得好……，“铺”字用得好……，“嫩芽儿也密了”用得好……，“咕咕”用得好……，“这一切”指的是……，点出“生命”的意图是……

教师精美的评点语穿插于品读之中：

这是春的气息的透露。

这是散步的美妙的背景。

显示了不可遏制的生机。

新绿，嫩芽，冬水：春天的气息，生命在召唤。写景有诗意。

作者借新绿和嫩芽讴歌生命的活力，同时使人感到生之快乐，进一步渲染了一家人散步时的欢愉的心情。

品读活动四：析意

教师：《散步》中有暖暖的春天，有清秀的景物，有温馨的细节，有生活的情味，更有美好意蕴。让我们来朗读课文的最后一段，体味其中的深长意味：

这样，我们就在阳光下，向着那菜花、桑树和鱼塘走去了。到了一处，我蹲下来，背起了我的母亲，妻子也蹲下来，背起了我们的儿子。我的母亲虽然高大，然而很瘦，自然不算重；儿子虽然很胖，毕竟幼小，自然也很轻。但我和妻子都是慢慢地，稳稳地，走得很仔细，好像我背上的同她背上的加起来，就是整个世界。

教师：让我们结合全文的内容，说说这一段话中的意味。

学生说话，教师与学生对话：

意味在于担负责任。

意味在于尊老爱幼。

意味在于走向美好。

意味在于一路同行。

意味在于生命的传承。

意味在于作为中年人，母亲和儿子就是自己的整个世界。

意味在于升华了文章的意境。

…………

附最后一段的朗读指导参考材料：

朗读的关键要出形象，出感受。“我”和妻子蹲下来背母亲和儿子，

那一蹲，要“蹲”得小心翼翼，“蹲”得坚如磐石，“蹲”得根深蒂固，只因为那是一份天长地久的等待，背起的是生命的昨天和明天。于是，“慢慢地，稳稳地”，读来轻而又缓，柔而又实，读出的是人物的心态。学生在教师的指点下读得那样细腻那样呵护有加，接着，文末“整个世界”四个字，如幻如梦，举重若轻，气息和声韵散淡开去，进入了一种陶醉的境界。

（朱震国：《“读”出真情味——我教〈散步〉》，《语文学习》2003 年第 3 期）

22.《台阶》创新教学设计

映潮品读

怎样感受《台阶》的文思

阅读一篇文章，特别是小小说之类的文章，要学会很好地感受文思，感受文意，感受文情。

感受文思指的是感受文章的顺序、思路、情节或结构，感受文章在怎样一步一步地写下去。这个过程能将我们一次又一次地带进文章之中，让我们体味文章的结构特点，揣摩文章的行文思路，欣赏文章的语言层次，是一件很有深度的事情。

在《台阶》的教学中，教师在钻研课文的过程中，基本上很少从“感受文思”的角度去对课文进行体味，从而少了一些发现，少了一些品读教材的乐趣。

下面我们试着从感受文思的角度，对《台阶》进行品析。

（1）概括故事，感受文思。《台阶》写的是勤劳的故事，写的是父亲为赢得尊重而奋斗毕生的故事。体壮如牛、吃苦耐劳的父亲的老屋只有三级台阶，他时常感叹“我们家的台阶低”，日夜盼望着造一栋有高台阶的新屋，于是下定决心，开始了漫长的准备。他终年辛苦，准备了大半辈子，终于造起了有九级台阶的新屋，他的心愿得以实现，心中的喜悦无法形容。但他为此付出了沉重的代价：新屋落成了，身体却垮了，人也衰老了。全文以“台阶”为线索，写出了父亲奋斗的过程和人的变化。

（2）分析层次，感受文思。《台阶》大体上分为两个部分。一是写有三级台阶的“我们家”，这个部分是略写，向读者展示了家门口的台阶，展示了父亲、母亲和我。二是写父亲为“造一栋有高台阶的新屋”的漫长奋斗，这个部分是详写，细腻地写出了父亲的艰苦与顽强。在详写的部分中，“父亲的准备是十分漫长的”引出了父亲大半辈子辛劳的准备过程，“他终于觉得可以造屋了，便选定一个日子，破土动工”引出了“造屋的

那些日子”，“于是，我们的家就搬进新屋里去”引出了新屋做起之后父亲的变化。全文以时间为序，表现了父亲由壮实到“老了”的艰苦生活历程。

（3）观察结构，感受文思。《台阶》全文可以主要从“详略”与“穿插”两个角度去观察其谋篇布局的技巧。特别是“穿插”，既发挥着美化文章结构、变化文章节奏的作用，又起着表现事件与人物的作用。如第四自然段就是一次“穿插”，写我小的时候在台阶上的蹦跳。第十三自然段也是一次“穿插”，用一个特写镜头表现了父亲看别人家高高的台阶时的专注的目光。第十九自然段中也有一次“穿插”，着意地描写了父亲早起踏黄泥时的像飘了一层细雨的头发。这些细节的描写生动形象，需要我们结合小说的内容认真地品析。

（4）品评人物，感受文思。《台阶》的主要人物是父亲。随着故事情节的发展，我们可以感受到：父亲是一个有力量的人，是一个终年劳作的人，是一个老实厚道的人，是一个有生活目标的人，是一个认真做事的人，是一个不怕千辛万苦的人，是一个为做新屋而兴奋的人，是一个尽一切力量为自己的新屋而劳作的人，是一个好强的人，是一个终于在新屋建造中伤了身体的人，是一个在新屋建造过程中逐渐老去的人。小说从儿子的视角——从小时候看到长大了——层层深入地表现了父亲，表现着父亲的自尊与勤劳，表现着父亲坚忍不拔的毅力和吃苦耐劳的精神，同时表达出一种为父亲的老去而辛酸的情感。

（5）揣摩手法，感受文思。《台阶》于平实之中见真情，表达手法丰富细腻。比如，三块青石板的来历写出了当年父亲的一把好力气，而造新屋的时候父亲却托石板闪了腰；文章先写了父亲的个子高，后来又写他的背是驼惯了的，这些都是对比。又如，文中写“我亲眼看到父亲在用手去托青石板时腰闪了一下”，这是伏笔，后面果然又写到“父亲说他的腰闪了，要母亲为他治治”，这就是照应。纵观全文，我们可以发现文中前后有不少地方可以应接起来。如文章前后都写到青石板，都写到父亲坐台阶，都写到父亲的大脚板，都写到父亲的破草鞋，都写到父亲的磕烟灰，这些都细腻地生动地表现着父亲的性格。

（6）品析语序，感受文思。《台阶》的语言生动朴实，浅显动人，不少段落非常讲究“语序”。如写我跳台阶的那一段——“再大些，我就喜欢站在那条青石门槛上往台阶上跳。先是跳一级台阶，蹦、蹦、蹦！后来，我就跳二级台阶，蹦、蹦！再后来，我跳三级台阶，蹦！又觉得从上往下跳没意思，便调了个头，从下往上跳，啪、啪、啪！后来，又跳二级，啪、啪！再后来，又跳三级，啪！”又如写父亲照看新台阶的那几句——“父亲按照要求，每天在上面浇一遍水。隔天，父亲就用手去按一按台阶，说硬了硬了。再隔几天，他又用细木棍去敲了敲，说实了实了。又隔了几天，他整个人走到台阶上去，把他的大脚板在每个部位都踩了踩，说全冻牢了。”这些语句不仅文思清晰，而且给人以诗意的美感。

映潮说课

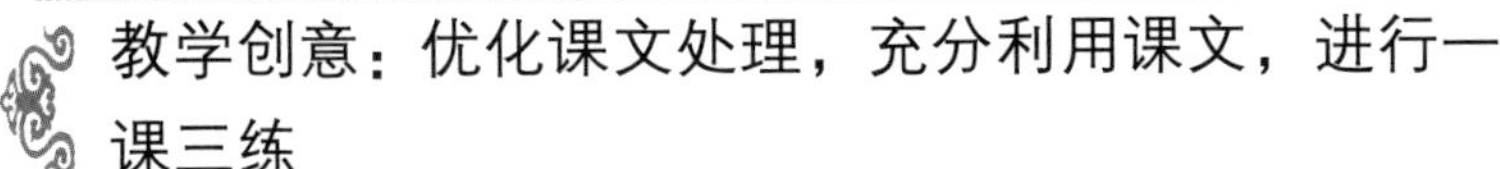

教学创意：优化课文处理，充分利用课文，进行一课三练

《台阶》的教学，最容易上成一般的记叙文教学的阅读课。所以，教师在教学设计的初始，就应该明确：这篇课文的教学，是小说阅读的教学课。

教师应该根据这篇课文是自读课文的特点，把教学设计的着眼点放在训练学生品读能力与表达能力上面。在简洁导入与背景介绍的基础上，大体安排三次品读能力训练活动。

品读能力训练活动一：概括能力训练

这个活动的目的是让学生既能把握文意，又能得到概括能力的训练。

从小说的角度，对课文进行文意概括，要求在概括中凸显小说的人物与基本情节，活动方式是写作。每位同学都要动笔，写 100 字左右的课文概括文字。此次活动的时间在 13 分钟左右，包括教师指导学生写作、组织学生发言与教师进行小结。

文意概括的内容可以这样表述：

小说《台阶》，以农民的儿子作为故事叙述者，叙述了父亲为盖新屋而拼命苦干的一生，塑造了一位在为家庭而奋斗的过程中渐渐老去的父亲

形象，表现了农民艰难困苦的生存状态和他们为改变现状而不懈努力的精神。

也可以这样表述：

《台阶》中的父亲觉得自家的台阶低，他日夜盼望着要造一栋有高台阶的新屋。吃苦耐劳的父亲开始了漫长的准备。他终年辛苦，准备了大半辈子，终于造起了有九级台阶的新屋。父亲一辈子的心愿得以实现，但也为此付出了代价：新屋落成了，身体却垮了，人也衰老了。

当然，还可以要求更加简练的或更加生动的表述。

品读能力训练活动二：阐释能力训练

这个活动的目的是让学生多角度地感受父亲的勤劳节俭、任劳任怨、地位卑微但却显得伟大的农民形象，并训练学生的阐释能力。

要求学生从评析人物的角度，根据课文内容，从某一方面说说父亲是什么样的形象。活动方式是阐释。此次活动的时间在12分钟以内，可以组织让学生独立思考、静心读书的活动，也可以组织小组学习、互相研讨的活动。

学生的发言要求表达有情感，说得有层次。如下面的说法：

父亲是一个有力量的人，他从年轻起就进行着艰辛的奋斗。“我们家的台阶有三级，用三块青石板铺成。那石板多年前由父亲从山上背下来，每块大约有三百来斤重”。

父亲是一个极具农民本色的永远在辛勤劳作的人。“他的脚板宽大，裂着许多干沟，沟里嵌着沙子和泥土；他的那双脚是洗不干净的，要过年时才在家里用板刷刷洗一次”。

父亲是一个没有地位但有着自己的生活理想的人。“没人说过他有地位，父亲也从没觉得自己有地位。但他日夜盼着，准备着要造一栋有高台阶的新屋”。

父亲是一个极其辛劳的人。“一年中他七个月种田，四个月去山里砍柴，半个月在大溪滩上捡屋基卵石，剩下半个月用来过年、编草鞋”。

父亲是一个连在冬天农闲时都不休息的人。“鸡叫三遍时父亲出发，黄昏贴近家门口时归来，把柴靠在墙根上，很疲倦地坐在台阶上，把已经磨穿了底的草鞋脱下来，垒在门墙边。一个冬天下来，破草鞋堆得超过了台阶”。

父亲是一个为了盖新屋而起早贪黑的人。“白天，他陪请来的匠人一起干，晚上他一个人搬砖头、担泥、筹划材料，干到半夜。睡下三四个钟头，他又起床安排第二天的活”。

…………

这次活动，教师要进行简洁、生动、富有情感的小结，要指出：

“父亲”是一个文学形象，他老实厚道，低眉顺眼，不怕千辛万苦，能够拼命硬干，是一个伟大的“父亲”形象，是一个值得我们尊重的“父亲”形象。

品读能力训练活动三：品析能力训练

这次活动的目的是训练学生品词论句的基本能力。

这次活动在前两次的基本着眼于文意把握和人物认识的基础上进行课文内容的选点品读活动。活动的时间在 18 分钟左右。

选点品读的内容：课文的第十至十六自然段。

这一部分，用生动的笔墨写了父亲盖新屋的十分辛劳、十分漫长的准备过程：

父亲的准备是十分漫长的。他今天从地里捡回一块砖，明天可能又捡进一片瓦，再就是往一个黑瓦罐里塞角票。虽然这些都很微不足道，但他做得很认真。

于是，一年中他七个月种田，四个月去山里砍柴，半个月在大溪滩上捡屋基卵石，剩下半个月用来过年、编草鞋。

大热天父亲挑一担谷子回来，身上淌着一片大汗，顾不得揩一把，就往门口的台阶上一坐。他开始“磨刀”。“磨刀”就是过烟瘾。烟吃饱了，“刀”快，活做得去。

台阶旁栽着一棵桃树，桃树为台阶遮出一片绿荫。父亲坐在绿荫里，能看见别人家高高的台阶，那里栽着几棵柳树，柳树枝老是摇来摇去，却

摇不散父亲那专注的目光。这时，一片片旱烟雾在父亲头上飘来飘去。

父亲磨好了“刀”。去烟灰时，把烟枪的铜盏对着青石板嘎嘎地敲一敲，就匆忙地下田去。

冬天，晚稻收仓了，春花也种下地，父亲穿着草鞋去山里砍柴。他砍柴一为家烧，二为卖钱，一元一担。父亲一天砍一担半，得一元五角。那时我不知道山有多远，只知道鸡叫三遍时父亲出发，黄昏贴近家门口时归来，把柴靠在墙根上，很疲倦地坐在台阶上，把已经磨穿了底的草鞋脱下来，垒在门墙边。一个冬天下来，破草鞋堆得超过了台阶。

父亲就是这样准备了大半辈子。塞角票的瓦罐满了几次，门口空地上鹅卵石堆得小山般高。他终于觉得可以造屋了，便选定一个日子，破土动工。

教师出示五个欣赏话题，请学生自选话题对课文内容进行欣赏：

欣赏这一部分的结构之美。
欣赏这一部分的选材之美。
欣赏这一部分的手法之美。
欣赏这一部分的语言之美。
欣赏这一部分的情感之美。

教师在教学过程中注意与学生进行有效的对话，并对此次品读活动作出简短的学习小结。

23.《我的叔叔于勒》创新教学设计

映潮品读

“特快号船长”作用欣赏

在文学作品中，由出乎意料的因素造成人物奇遇之类的情节或者细节，称为“巧合”。

因此人们在分析鉴赏小说的内容与艺术手法时，常常说到“巧合”一词。也有这样的说法：“巧合”让故事如此美丽。另外，还有一种“误会”手法，与“巧合”手法一样，也让故事美丽起来。

“巧合”的手法表现在《我的叔叔于勒》中，是一种“奇遇性的巧合”，是一种“巧遇”，它同样让人赞叹：“巧遇”让故事如此美丽。

“巧合”也好，“巧遇”也好，从小说的构思与表达来看，它们往往用来浓缩时空，让人物突然相聚，让气氛陡然变化，让矛盾变得激烈，让波澜层层荡漾。

这就是“场景设置”的艺术表现之一：运用“巧合”或者“误会”的手法，在设计好了的一定的时间与空间内集中地展开故事。

《我的叔叔于勒》中的“巧遇”就发生在去哲尔赛岛旅行的轮船上。在没有去哲尔赛岛旅行之前，故事已经延续了十多年，而在这发生“巧遇”的“特快号”上，故事在瞬间的起伏中让人物各自迸发性格的火花，然后走向结束。

而让这样的“巧遇”缩放艺术力量的，却离不开“特快号”上的那位“船长”。

我们来欣赏下面的细节描写：

最后我父亲终于说：“您船上有一个卖牡蛎的，那个人倒很有趣。您知道这个家伙的底细吗？”

船长本已不耐烦我父亲那番谈话，就冷冷地回答说：“他是个法国老

流氓，去年我在美洲碰到他，就把他带回祖国。据说他在勒阿弗尔还有亲属，不过他不愿回到他们身边，因为他欠了他们的钱。他叫于勒……姓达尔芒司，——也不知还是达尔汪司，总之是跟这差不多的那么一个姓。听说他在那边阔绰过一个时期，可是您看他今天已经落到什么田地！”

面对疑似于勒的水手，菲利普不敢探问，于是就“引”出了“船长”，有了与“船长”的寒暄。

这实在是十分自然而又美妙的一笔，其中的意味非常深长。

从小说情节发展的逻辑看，没有这位“船长”的出现，故事难以走向高潮。正是由于“船长”非常明确地证明了菲利普眼前这位衣服褴褛的水手就是于勒，故事才有了菲利普夫妇紧张、恐怖、愤怒、憎恨、诅咒等一系列毫无人情味的反常表现。可以说，此时的“船长”处在故事的一个“关节”之上，只有他能够最简捷地让“关节”运动起来。在此之后，菲利普夫妇一切美好的幻觉全部破灭，心头的恐惧与怒火同时爆发，故事情节的发展走向戏剧性的高潮。“船长”推动了情节的发展。

从菲利普与“船长”的对话来看，故事在这里进行了一次迂回，一次跌宕。菲利普发现船上卖牡蛎的很“像于勒”并惊恐地告诉了妻子，小说的气氛顿显紧张。但作者没有让悬念立即结束，而是把气氛舒缓一下，让菲利普与“船长”周旋一番，然后再证实这个卖牡蛎的人就是于勒。这就是所谓的“顿挫”技巧。“船长”的出现，给故事增添了波澜。

小说对“船长”着墨不重，虽然他话语不多，但似乎每句话都有重要作用。他简单的话语中说出了于勒落泊的大致经历：于勒真的是在美洲生活，真的是从美洲流浪回来的。这就与故事前面所写的“十年之久，于勒叔叔没再来信”形成了照应；到了此处，小说对于勒经历的叙述就很完整了。这样的安排与表达可以说是极为高妙。“船长”补全了于勒的生命轨迹的链条。

在船上，在人们的视线中，小说是巧妙地让于勒作为“水手”形象出现的——“一个衣服褴褛的年老水手”正在那儿卖牡蛎。而作为“船长”——一位收留了“水手”的船长，竟然不知道他姓什么——“他叫于勒……姓达尔芒司，——也不知还是达尔汪司，总之是跟这差不多的那么一个姓。”这多么具有讽刺的意味啊。“船长”衬托了于勒身份地位的卑微和低下。

在“船长”的话语中，于勒是一个愿意回祖国而不愿意回到故乡、回到家族中去的人。——“去年我在美洲碰到他，就把他带回祖国。据说他在勒阿弗尔还有亲属，不过他不愿回到他们身边，因为他欠了他们的钱。”这里不仅仅只是一次照应之笔，它大大地加强了小说的思想深度——小说所表现的，可能不是家庭或者亲人之间的琐事——“船长”也许点出了人生的、社会的本质。

有意思的是，从小说的整体构思来看，作者是着意在“船”字上做文章的。“特快号”“船长”出现之前，小说已经有了一定的预伏铺垫工作。请看：

①那时候，只要一看见从远方回来的大海船开进港口来，父亲总要说他那句永不变更的话：

“唉！如果于勒竟在这只船上，那会叫人多么惊喜呀！”

②有一位船长又告诉我们，说于勒已经租了一所大店铺，做着一桩很大的买卖。

③于是每星期日，一看见大轮船喷着黑烟从天边驶过来，父亲总是重复他那句永不变更的话：

“唉！如果于勒竟在这只船上，那会叫人多么惊喜呀！”

现在，又一位“船长”出现了，于勒“竟在这只船上”，可是此时的菲利普夫妇哪里有“惊喜”呢，只有“惊慌”和“惊恐”了。

于是，“我们回来的时候改乘圣玛洛船，以免再遇见他”。

映潮说课

教学创意：文学欣赏课，话题讨论式

本课的教学，追求教学思路最简化。

学生预习要求：

①给生字注音，朗读课文，感受课文内容。

②看课后练习题，试概括课文的情节。

③浏览课文，感受课文中的人物与细节。

对教师的要求：

①精细地阅读课文，对课文进行多角度、多侧面的内容提炼。

②个性化地阅读课文，对课文的细节内容有自己的体会与看法。

（1）开门讲课

①介绍作者的背景知识。

②让我们来讨论一个话题：如果说这篇小说可以分为两个部分的话，最好如何分？每一部分在文章中的主要作用是什么？

说明：a. 这是一个“牵一发而动全身”的主问题，可以落实课文整体把握的阅读要求。因为要知道这篇文章可以分为哪两个部分，学生便要阅读课文，便要对课文内容进行分析与概括，这样就将学生引入了课文。因为要知晓每一部分在文章中的主要作用是什么，学生便要从小说的情节、人物与主题方面对课文不同部分的表达作用进行揣摩，这样就将学生更深入地带到课文之中。b. 课堂教学以“静读”为主，学生占有大量的阅读思考的时间，然后就是师生关于这个话题的对话与交流。

③课堂讨论。

第一部分：课文开头——研究一下这个不列颠国旗覆盖着的岛上的风俗习惯。这一部分在全文中的主要作用是：说明家境，介绍人物，设置悬念，渲染气氛。

第二部分：哲尔赛的旅行成了我们的心事——我们回来的时候改乘圣玛洛船，以免再遇见他。这一部分在全文中的主要作用是：设置场景，详写故事，表现人物，推出高潮。

（2）讨论六个小话题

①于勒“称呼”欣赏。

②“巧合”让故事如此美丽。

③菲利普神态描写欣赏。

④克拉丽丝语言欣赏。

⑤“船长”的作用欣赏。

⑥别具匠心的景物描写。

说明：a. 这里是六个微型话题，用以落实对课文内容的深入品读，每个话题也有着“牵一发而动全身”的作用。b. 教师选择话题时要注意到两个方面。第一要得体，要认真地凸显小说教学的内容。第二要多角度、多侧面，尽可能以点带面，加强对课文学习内容的覆盖。c. 这样的话题能够更深层次地将学生引入课文，让学生细读文本，从而凸显课文的欣赏与训练价值。d. 课堂活动以学生独立阅读为主，在对话中教师的重要性逐渐显现，教学的深度逐渐显现。e. 教学活动采用“学生自由选择话题与教师展开对话”的形式。

这样的教学要求教师对每一个话题都要准备足够的对话内容，如菲利普神态描写欣赏：

我父亲突然好像不安起来，他向旁边走了几步，瞪着眼看了看挤在卖牡蛎的身边的女儿女婿，就赶紧向我们走来。他的脸色十分苍白，两只眼也跟寻常不一样。

在写菲利普发现卖牡蛎的人很像于勒时，作者着力描画了他的脸色和眼神。“突然好像不安起来”写出了他感觉到面前的人可能就是于勒这一瞬间的突然紧张的心理活动，“瞪着眼看了看”是写菲利普观察女儿女婿是不是专注地在看“卖牡蛎”，“脸色十分苍白”“两只眼也跟寻常不一样”则写出了菲利普内心的紧张已经带来了恐惧，这种恐惧已经表现在他的神情上。“十分”一词，写出了菲利普复杂的内心活动的急剧变化。

（3）学习小结——讲析课中微型讲座

《我的叔叔于勒》的构思是极有特色的，具体说来有这么四点：

一线串珠。于勒是全篇小说的线索人物，他把整个故事材料贯串成一个有机的整体，小说故事情节的展开以及各种人物的出现和活动，都围绕着于勒，围绕着于勒贫富这个焦点，由此而有盼于勒、遇于勒、避于勒的情节从产生到高潮的发展；由此而有菲利普夫妇的言行举动、喜怒哀乐、恩怨爱憎以及从中表现出来的虚伪、自私、贪婪、冷酷的性格特征。

虚实结合。写于勒的目的，是为了揭示菲利普夫妇的灵魂。菲利普夫妇是小说的主要人物，因此，作者用了直接描写如通过表情、动作、言谈

暗示的办法，深刻地揭示了人物的内心世界，淋漓尽致地表现了他们的虚伪、贪婪和薄情，这些都是实写，而对于勒，则大多是虚写，主要通过菲利普夫妇的盼望、叨念、赞美来表现他浪荡、冒险、赚钱、发财的经历。虚写为实写服务。

抬高跌重。于勒在小说中的命运，从身价百倍到分文不值，真是抬得高跌得惨。这种先扬后抑的方法也极好地表现了文章主题，对于勒的“抬”是虚写。在‘抬”中让于勒逐步亮相，而“跌”却是实写，‘抬”的过程中，渲染多，实际力量却全是用在“跌”上，菲利普夫妇从赞美、幻想到希望破灭时的紧张、痛苦、惊慌、愤恨，表现了抬高跌重的全过程，人们从中看到了人的灵魂的扭曲，看到人与人之间的世态炎凉。

悬念层叠。小说的情节跌宕起落，引人入胜，既在于故事套故事，一个悬念接着一个悬念，从盼于勒引出对于勒为人的思考，从对于勒的希望引出对他归来的种种设想。特别具有戏剧性的是，穷困潦倒的于勒归来，却是菲利普夫妇绝不期望的意外之举，文章就此收束，就更能设置悬念，留下了人们想知道的许多问题。

如果还要组织学生的赏析训练活动，可以关注两个趣味话题：

①欣赏本文中“船”的作用；

②品析“特快号船长”的作用。

24.《乡愁》创新教学设计

映潮品读

《乡愁》美点寻踪

余光中的诗《乡愁》看起来很美，读起来很美。细细地品味一下，更觉得美感浓郁。

题材之美。“乡愁诗”是诗歌海洋中一片小小的风景，台湾诗人的“乡愁诗”则显得更为清雅。余光中《乡愁》这首诗的题材就是“乡愁”，它深深地表达着海峡彼岸人们的思乡之情、爱国之情，也传达出五湖四海的海外华人的恋乡之情，它以深情动人的美好题材及鲜明主题四处传扬，走进人们的心灵，拨动着人们的心弦。

结构之美。全诗共四节，每节四行，各节行数、字数相等，格式相同。四节诗在一起，表现出一种层叠式的结构，显现出特有的形态之美与建筑之美。虽然节与节之间相互对称，但由于诗句的长短不同，全诗就于整齐之中表现出参差、活泼的动感，特别突出了它那秀美的细部线条——“乡愁是一枚小小的邮票”“乡愁是一张窄窄的船票”等四个诗句，极好地表达了幽深的“乡愁”。

时空之美。从整体看，全诗时序分明，“小时候”“长大后”“后来”与“现在”就是明显的语言标志，它们精巧地浓缩了人生，展示了过去与现在，惆怅着生活的将来；短短的16句诗，写出了人生中大半个世纪的“乡愁”！从局部看，每一节诗中都展现了广阔的空间，“这头、那头”“外头、里头”也是明显的语言标志，它们深沉地概括了离愁，每一节诗都在轻轻叙说着一个久久思念、苦苦思念、深深思念的故事。

音乐之美。轻声朗诵，可感受到这首诗的音乐之美。它首先表现在全诗的结构之中。全诗由于格式相同的诗节而蕴含着相同的吟咏节奏，生动地形成了一种反复咏叹的韵律，表达出一唱三叹、如泣如诉、意境悠远的抒情效果。其次表现在诗节的选字、用词、写句上。诗句长短的不同造成了停顿、节奏、语气与语调的变化，便于表达思念的深情；叠词的选用起着舒缓节奏、深化情感的作用，多个叠词的使用酿就了音节的回环之美；再就是表现在韵脚上，“头”字多次出现，不仅形成反复之美，而且成为诗中的又一旋律。

比喻之美。这是诗中比较突出的美点。作者巧设比喻，将思乡之愁这种悠长缠绵的情感化作了实实在在的物像。也许作者是将自己无数个生活细节提纯了，也许作者是将到台湾的那一代人的经历典型化了。于是，那些再普通不过的人们都很熟悉的物品成了情感的载体，“邮票”寄走了时时的眷念，“船票”引发了难言的离愁，“坟墓”带来了不绝的思念。“乡愁”就是这样的具体，就是这样地触动着人们的情怀。自然，那被“海峡”隔断的血肉情缘，更是让多少人痛断肝肠！

虚实之美。这是诗中深层次的美。不管是从诗的结构之美还是从诗的时空之美来看，或者说从诗的内容由童年写到青年写到晚年来看，诗的前三节都比较“实”，诗中的“我”也可以说是具体的“我”。而诗的第四节就将全诗的意境升华了，个人之愁在这里升华为民族之愁，这时的“我”也就成了远离祖国的游子的化身，那思念祖国的“乡愁”，可以说是“我”一个人独有的情感，更可以说是千万海外华夏儿女共同的感受与心声。从另外一个角度看，诗的前三节是一种铺垫，是一种情感酝酿，有了它们，才有了第四节诗的深远意境；虚实相合，才有了全诗对人们情感的激发与心灵的震撼。

映潮说课

教学创意：运用穿插手法，丰厚教学内容

本课的教学设计为“穿插式”教学。

在教学进程中有机地穿插资料，以增加教学的厚度，调节教学的节奏。

导入：轻轻吟诵席慕蓉的《乡愁》，进入课文学习。

乡愁

/ 席慕蓉 /

故乡的歌是一支清远的笛
总在有月亮的晚上响起
故乡的面貌却是一种模糊的怅惘
仿佛雾里的挥手别离
离别后
乡愁是一棵没有年轮的树
永不老去

教师：我们今天学习的是余光中的《乡愁》，台湾“乡愁诗”中的名篇。

[知识卡片：“乡愁诗”]

乡土情结是人类最古老的情结，“乡愁”是永恒的文学主题。“乡愁诗”是表达远离故乡的人对家乡思念、对故土眷恋、对家乡亲人怀念的古今诗歌。

1972 年 1 月 21 日，余光中在台北厦门街家里，写了《乡愁》。余光中先生说：“虽然只用 20 分钟写出来，这种感情却在我心中酝酿了 20 年。”

教学活动一

请学生试着轻声吟诵余光中的《乡愁》，听教师吟读。

[知识卡片：余光中简介]

余光中（1928—2017），台湾诗人，当代著名作家和评论家。读《乡愁》，可先感受他的一句话：烧我成灰，我的汉魂唐魄仍然萦绕着那片厚土。

教学活动二

请大家从“悠远的思绪”的角度，把握节奏，反复吟诵课文《乡愁》：

乡愁

小时候　　乡愁 / 是一枚 / 小小的 / 邮票　　我 / 在这头　　母亲 /

在那头

长大后　　乡愁／是一张／窄窄的／船票　　我／在这头　　新娘／在那头

后来啊　　乡愁／是一方／矮矮的／坟墓　　我／在外头　　母亲／在里头

而现在　　乡愁／是一湾／浅浅的／海峡　　我／在这头　　大陆／在／那／头

研讨话题：请学生根据本诗的内容描述“乡愁”。

学生思考、交流，教师与学生对话。

[知识卡片：《乡愁》之中的“乡”与“愁”]

《乡愁》之“愁”，有两种：前三节写的是作者与亲人生离死别后的愁怀，末节所写的是作者思念故乡祖国的愁怀。因此《乡愁》之“乡”有家国之意，全诗鲜明地表现出作者的家国之思。

教学活动三

请学生从对“思念”的表达层次的角度，用一次较长的停顿，将这首诗读成两个部分。

研讨话题：为什么要进行这样的朗读处理呢？

学生讨论、交流。

教师小结：这首诗，前三节是一个部分，主要写个人的故乡之思；第四节是又一个部分，一湾浅浅的海峡将“我”与祖国大陆隔开，个人的故乡之思在这里上升到了带有普遍意义的家国之思。全诗在此戛然而止，留下深长的余味。

[知识卡片：余光中先生这样说]

诗的前三句思念的都是女性，到最后一句我想到了大陆这个“大母亲”，于是意境和思路便豁然开朗，就有了“乡愁是一湾浅浅的海峡”一句。

当我们变得成熟、睿智和豁达的时候，这首诗的“乡愁”也变成对包括地理、历史和文化在内的整个祖国大陆的眷念。由此，这“乡愁”其实也是一种“国愁”，所以才有了厚重万分的分量。

教学活动四

师生吟诵背读课文，进行话题讨论。

研讨话题：《乡愁》之美。

小组活动，全班交流，师生对话，教师小结。前面短文中的内容都可以相机运用。

[知识卡片：专家评论之说]

《乡愁》之美在于结构美。全诗四节。每节四行，诗人注意了长句与短句的变化调节，使诗的外形整齐而又有参差之美。“小时候”“长大后”“后来啊”“而现在”像一条红线贯串全诗，概括了诗人漫长的生活历程和对祖国的绵绵怀念。

《乡愁》之美在于音乐美。“乡愁是——”与“在这头……在那（里）头”的四次重复，加上四段中“小小的”“窄窄的”“矮矮的”“浅浅的”在同一位置上的叠词运用，使得全诗表现出回旋往复、一唱三叹的优美旋律。

学生再吟诵课文。

教师进行教学小结：

如果我们来续写余光中先生的《乡愁》，那么，第五节就应该是：“将来啊……”

将来，一定是美好的。

让我们吟诵非马的乡愁诗《醉汉》，来感受这种“将来”：

把短短的巷子／走成一条／曲折／回荡的／万里愁肠／左一脚／十年／右一脚／十年／母亲啊／我正努力／向您／走／来……

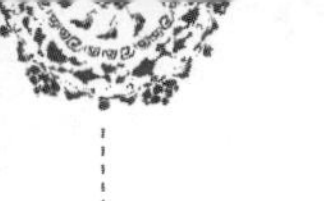

25.《紫藤萝瀑布》创新教学设计

映潮品读

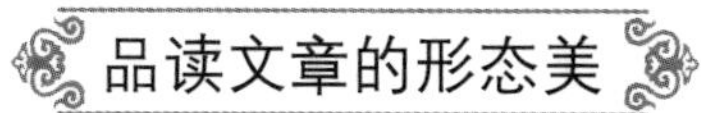

品读文章的形态美

精美的文章很讲究自身的表现形态。其主体形象、结构线索、层次布局、详略取舍、伏笔照应、细部美点、色彩点缀等内容技巧能够和谐相融，共同表现出文章构架的形态之美。在阅读中，我们应别具眼光，来品读这种形态美。

课文《紫藤萝瀑布》就是这样一篇咏物抒情、极具形态之美的文章。

它有俊美的主体形象——是那流动的瀑布

文中的紫藤萝，是那样“盛”的一树生命之花：它有“一片辉煌的淡紫色”，它“从空中垂下，不见其发端，也不见其终极”。作者用夸张的文笔勾勒出了它铺天盖地、生机勃勃、流光溢彩的形态。不仅如此，这鲜活的花之瀑布还充满生命的动感：这是“万花灿烂的流动的瀑布”，不仅“在我心上缓缓流过”，还“不断地流着，流着，流向人的心底”。作者在这种动感描绘中表现了它的繁茂、热烈、奋进与喜悦。从它的身上，“我”感受到生命的炽热、“精神的宁静和生的喜悦”，更感受到时代的进步给人们带来的生机盎然、欣欣向荣之感，那流向“心底”的，是一种新、美、力、乐的真切感受。

它有秀美的细部线条——是那美丽的小花

作者对紫藤萝细部的描画是生动而充满感情的。如果说“紫藤萝瀑布”是一座形态优雅的雕塑，那么，可以说很多秀美的线条不时地从中凸显出来，展现了藤萝花儿的各种姿态的美。作者尽情地运用生动的比喻和拟人，在那瀑布般的花的“条幅”上，对可爱的小花进行充满美感的“镌刻”：紫色的小花“泛着点点银光，就像迸溅的水花”“花朵儿一串挨着一串，一朵接着一朵，彼此推着挤着，好不活泼热闹”“每一朵盛开的花就像是一个小小的张满了的帆，帆下带着尖底的舱。船舱鼓鼓的，又像一个忍俊不禁的笑容，就要绽开似的”。这朵朵小花，就好像是心情喜悦、奋发上进的象征，在这样美丽的小花面前，谁感受不到生活之可爱、生命之可爱、奋进之可爱？谁不向往进入那小小的满装生命酒酿的紫色的花舱，“张满了帆，在这闪光的花的河流上航行”？

它有柔美的情感色调——是那浅浅的紫色。

在课文中，紫色是用来写藤萝的，因为它是藤萝花的本色。但紫色又不是仅仅用来写藤萝的，它弥漫全文，它那亮丽、柔和、充满生命力的色彩覆盖了全文，也成了全文的情感色调。当“我”在“一片辉煌的淡紫色”前“不由得停住了脚步”，当“我”在“这一条紫藤萝瀑布”前“伫立凝望”，当“我”抚摸“满装生命的酒酿”的“小小的紫色的花舱”，当“我”“在这浅紫色的光辉和浅紫色的芳香中”“不觉加快了脚步”，“我”所感受到的、所体味到的、所领悟到的一定不会只是花色的艳美，更重要的，是那花中闪现出的生命的光彩、生命的美丽、生命的欢乐、生命的辉煌，它们震撼着“我”的心。

它有醇美的意蕴表达——是那隽永的点题。

说到“形态”二字，我们不可不注意文章的层次之美。作者先写对花的观赏，再写赏花的感触：对花的观赏从“一片”写到“一条”，从“一穗”写到“一朵”；赏花的感触从感觉写到回忆再写到抒情、议论。文中深深打动我们的，就是“花和人都会遇到各种各样的不幸，但是生命的长河是无止境的”那个抒情段。原来文章这样的吟咏、赞叹花之美好，是为了引发出文字隽永、哲理深刻的人生感悟；原来文中一切让人动心的描写，是为了这令人回味的“点题”段的出现。于是我们明白，这就是借物抒情，写花就是写人；于是我们明白，这个抒情段作为“基座”是与“紫藤萝瀑布”这个“形象”血肉相连的，它们从整体上表现了课文雕塑般的形态之美。

品读文章的形态美——应作为一种高雅的阅读习惯进入我们的“方法系统”。

映潮说课

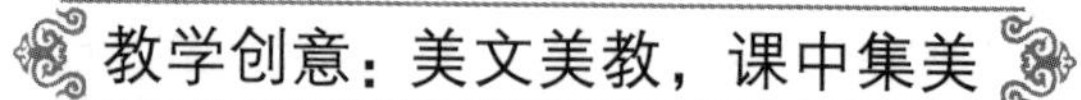

这一节课的设计理念是：美文需要美教。

《紫藤萝瀑布》是一篇写得极美的课文，不管是从语言教学来看，还是从情感熏陶、语感培养来看，它都是非常有训练价值的阅读材料。对这样好的材料，如果用讲析法、谈话法、问答法等方法进行教学，都不会取得很好的教学效果。

本次教学，将教学的视点放在一个“美”字上，用“美”来开展全文的教学过程。大致过程是——品味花之美、情之美、意之美。

进行这样的设计，可能达到以下目的：①对学生进行美感熏陶，②对学生进行情感熏陶，③对学生进行语感熏陶。

（1）学习铺垫

①作者简介。

②切进课文中“它带走了这些时一直压在我心上的关于生死的疑惑，关于疾病的痛楚”这句话，简介作者写作本文的特殊背景。

由此导入课文。交代本课的学习任务：品味课中的花之美、情之美、意之美。

（2）感知课文

①听读课文，认读文中的生字、美词，朗读课文。

字音字形：

迸溅（bèng jiàn）　嚷（rāng）嚷　一穗（suì）　沉淀（diàn）

船舱（cāng）　绽（zhàn）开　伫（zhù）立　伶仃（líng dīng）

遗憾（hàn）　酒酿（niàng）　忍俊不禁（jīn）　盘虬（qiú）

四字美词：

点点银光　蜂围蝶阵　活泼热闹　忍俊不禁

仙露琼浆　　伫立凝望　　盘虬卧龙　　万花灿烂

②话题讨论：谈谈对这篇课文的初读感受。

③学生自由发言，教师与学生对话交流。

④教师小结：

这是一篇对紫藤萝花有着非常精美的描写的美文。

这是运用了生动的修辞手法，遣词造句十分雅致的美文。

这是一篇意境优美、令人陶醉、柔美的“淡紫色”弥漫全文的美文。

这是一篇即景抒情、托物寄意、言近旨远的美文。

（3）品味文中的花之美

①学生选读课文，自由朗读文中描写花之美的句段。

绘花美句

从未见过开得这样盛的藤萝，只见一片辉煌的淡紫色，像一条瀑布，从空中垂下，不见其发端，也不见其终极。

紫色的大条幅上，泛着点点银光，就像迸溅的水花。仔细看时，才知道那是每一朵紫花中的最浅淡的部分，在和阳光互相挑逗。

花朵儿一串挨着一串，一朵接着一朵，彼此推着挤着，好不活泼热闹！

藤萝又开花了，而且开得这样盛，这样密，紫色的瀑布遮住了粗壮的盘虬卧龙般的枝干，不断地流着，流着，流向人的心底。

②话题讨论：说说自己品味到的描写花之美的句段并朗读，表达自己的体味。

③学生自由发言并进行演读。

④教师小结：

作者用比喻的手法写花之美丽。

作者用拟人的手法写花之活泼。

作者用敷色的手法写花之柔静。

作者用丰富的想象写花之可爱。

⑤教师指导朗读课文的前六个自然段。

（4）品味文中的情之美

①教师讲析：情在哪里？情在文章的字里行间。

下面我们通过“课中集美”的方式来体味文中之情，我们一起来选取、集中课中的美句，显现课文的精华。

②师生活动，组合出如下美文：

紫藤萝瀑布

从未见过开得这样盛的藤萝，只见一片辉煌的淡紫色，像一条瀑布，从空中垂下，不见其发端，也不见其终极。只是深深浅浅的紫，仿佛在流动，在欢笑，在不停地生长。紫色的大条幅上，泛着点点银光，就像迸溅的水花。

每一穗花都是上面的盛开、下面的待放。每一朵盛开的花就像是一个小小的帆张满了的，帆下带着尖底的舱。船舱鼓鼓的，又像一个忍俊不禁的笑容，就要绽开似的。

我只是伫立凝望，觉得这一条紫藤萝瀑布不只在我眼前，也在我心上缓缓流过。

这里除了光彩，还有淡淡的芳香，香气似乎也是浅紫色的，梦幻一般轻轻地笼罩着我。

我抚摸了一下那小小的紫色的花舱，那里满装生命的酒酿，它张满了帆，在这闪光的花的河流上航行。

③教师组织朗读、品析活动，请学生体味作者在文中抒发的真挚情感。

④学生自由发言。教师相机点拨，教学中始终注意紧扣词句来说话。

⑤教师小结：

我们可从四个方面体味文中的情感之美：赞叹之情，喜爱之情，沉思之情，感悟之情。

⑥学生朗读、背诵这篇微文，注意体味短文中的“四情”。

（5）品味文中的意之美

①教师指出，所谓“意”，在这儿指文章中的“意味”，即文章中的意趣与情味，文章中让人觉得意味深长的地方。

②话题讨论：这篇短文表现出什么样的“意之美”？

③学生各抒己见。

④教师进行课中讲析：

这篇课文通过写花，既赞美了生命的蓬勃向上，又表达了作者对苦难对生命的哲思。

文中深深打动我们的，就是“花和人都会遇到各种各样的不幸，但是生命的长河是无止境的”那个抒情段，它哲理深刻，点题精妙。

原来作者吟咏、赞叹花之美好，是为了引发出文字隽永、哲理深刻的人生感悟；原来文中一切让人动心的描写，是为了这令人回味的“点题”的出现。于是我们更进一步地明白，这种写法就是托物寄意，就是借物抒情，写花就是写人，写花就是写时代。

⑤师生深情朗读课文“花和人都会遇到各种各样的不幸，但是生命的长河是无止境的”这一段。

⑥教师收束课文教学。

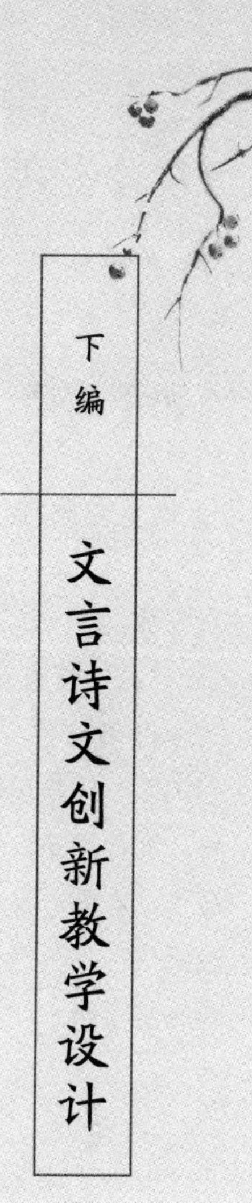

下编

文言诗文创新教学设计

26.《爱莲说》创新教学设计

映潮品读

《爱莲说》课文资料集美

作品

“说”是古代一种议论性的文体，既可直接说明、阐述事理，也可就一件事物或一种现象抒发作者的感想或论说道理。本文作者周敦颐（1017—1073）是北宋哲学家，宋代理学的创始人。他不慕钱财，淡泊名利，胸怀洒落，人品极高。“爱莲说”的意思是“论说一下喜爱莲花的道理”。这是一篇借花咏怀、托物言志之作。作者笔下的莲花，不为淤泥之浊所玷污，不因清涟之澄而妖媚，堪称君子的理想境界，是作者理想人格的真实写照。

主旨

文章内容委婉含蓄，言简意赅。描绘莲的“中通外直，不蔓不枝，香远益清，亭亭净植，可远观而不可亵玩焉”，实际上是在比喻君子的胸怀坦荡、行为正直、美德广布、卓尔不群。篇末，作者运用感叹的方式含蓄地表明了自己的人生态度：他既不愿像陶渊明那样消极避世，又不愿像世人那样追逐功名富贵，他要在污浊的世间独立不移，永远保持清白的操守和正直的品德。“爱莲”即爱君子之德——这是本文的主旨。

章法

本文章法严密。全文共两段，逻辑层次十分鲜明。第一段重在描写，层次非常清晰。首句总提，为“爱菊”“爱牡丹”“爱莲”张本，接着以“予独爱莲”领起，从生长环境、体态香气、清高风度等几个方面，赋予莲以美好的品格。第二段重在抒情议论，始终以“菊之爱”“牡丹之爱”来衬托“莲之爱”，层层深入，表明了自己不慕富贵、洁身自好的生活态度及对趋炎附势、追求富贵的庸俗世风的鄙弃。

句法

《爱莲说》句法严谨而不失灵动。其句式之美有三：有长句，也有短句；有单句，也有偶句；有骈句，也有散句。需要着力之时，有时用长句一气呵成，如“予独爱莲之出淤泥而不染，濯清涟而不妖，中通外直，不蔓不枝，香远益清，亭亭净植，可远观而不可亵玩焉”。有时则在排比句中着意于语气的变化，如“噫”后的三个句子，每句为一层，一陈述，二设问，三感叹。句式同中有异，变化有致，情感分明，意味无穷。

手法

托物言志。在莲的形象中寄寓作者不慕名利、洁身自好的操守和感情。

衬托。全文三次用菊和牡丹衬托莲：第一次，表明自己的喜爱与众不同；第二次，见出莲的高贵品格；第三次，在对比中抒发感慨，表明心志。但对爱菊和爱牡丹，作者并没有多着笔墨，只是轻描淡写，一笔带过，把它们作为写莲花的左右陪笔，以求烘云托月，突出“爱莲”。

象征。将莲比作花中的君子，使莲具有象征君子美好品德的意义。具体地说，“出淤泥而不染”象征君子身处污浊环境而不同流合污、不随俗浮沉；“濯清涟而不妖”象征君子的庄重、质朴，不哗众取宠，不炫耀自己；“中通外直，不蔓不枝”象征君子的特立独行，正直不苟，豁达大度；“香远益清，亭亭净植”象征君子美好的姿态。

意味

予独爱莲之出淤泥而不染，濯清涟而不妖，中通外直，不蔓不枝，香远益清，亭亭净植，可远观而不可亵玩焉。

作者爱莲，赋予莲以人格之美，将其作为一种高贵品质的象征：从生活环境方面，写她“出淤泥而不染”的高洁，“濯清涟而不妖”的质朴；从体态香气方面，写她“中通外直，不蔓不枝”的正直，“香远益清”的芳香；从风度方面，写她“亭亭净植，可远观而不可亵玩”的清高。

“予独爱莲”一语道出作者心意，循此继进，说到莲的种种可贵之处。

在“莲之出淤泥而不染”至“亭亭净植”几句的描写中渗透作者对莲的无限赞美之情，突出了莲的洁净、单纯、雅致，“可远观而不可亵玩焉”则总括了莲的品格。

这一句对莲作了细致传神的描绘，不仅写出了莲美丽的花形和芬芳的气质，更赞美了它高洁的品德、美好的情操、坦荡的素质。作者借莲来比喻君子，抒写个人情志，表明自己不受污浊社会沾染的情志——既不媚求于人，也不攀附权贵，性格刚正不阿，思想纯正通达，保持廉正操守。

诵读

诵读第一段：

①主要用陈述语调诵读。②首句总说，“可爱者甚蕃”要读得分明。菊、牡丹、莲之间应有明显的停顿；“牡丹”后的停顿长一些，然后再读“予独爱……”。③“予独爱莲之……不可亵玩焉”句要读出层次。“予独爱莲”是统领语，“之”要轻读，对生长环境、莲之形象和品格的描写，要读出层次。前两层可用描写语调读，读后作稍长停顿，再读出末句，以突出莲的品格。

诵读第二段：

①主要用议论的语调诵读。②第一层以人为喻，分别指出菊、牡丹、莲的品格，要用肯定的语气读出；前两句要读得轻些，后一句重读。③第二层用感叹的语气读，“菊之爱”一句读出惋惜意，“莲之爱”一句读出慨叹意，“牡丹之爱”一句读出讽刺意。

译文

水上地上各种草木的花，可爱的很多。晋代的陶渊明只喜欢菊花。唐朝以来，世人很喜欢牡丹。我则特别喜爱莲，莲生长在淤泥之中却不沾染污秽；在清水中洗涤但不显得妖艳；它内部贯通，外部挺直，不横生枝蔓，不旁生枝茎，香气远播，更显清芬；它笔直洁净地挺立在那里，可以远远地观赏，而不能轻慢地去玩弄它。

我认为，菊是花中的隐士，牡丹是花中的富贵人，莲是花中的君子。唉！对于菊花的喜爱，陶渊明以后就很少听到了。对于莲的喜爱，像我一样的还有谁呢？对于牡丹的喜爱，当然人数就很多了！

教学创意：课文难点理解，课文美点欣赏

教学创意一：课文难点理解

《爱莲说》全文119个字，文字并不艰深，但内涵精蕴，寄寓深邃。即使是语文教师，在没有参考资料的支撑下，也难以将这篇短文的精妙之处说得很清楚。本节课的教学创意之一为：指导学生基本上读懂课文。所谓“基本上读懂课文”，主要是将课文中的难点弄清楚。

教学设想：基本上解决三个方面的难点，字词理解方面的难点，重点句子理解方面的难点，表达手法理解方面的难点。

教学内容一：课文内容及作者简介（约8分钟）。

①学生自由、反复朗读课文。

②详细介绍作者，为深入理解课文意蕴作好铺垫。

教学内容二：基本解决字词理解方面的难点（约10分钟）。

①朗读课文，教师提示对两段文字用不同的语气表达。

②学生就课文中不懂或者不太懂的字词进行质疑。

重点解决如下问题：

世人甚爱牡丹——甚：普遍，盛行。

陶后鲜有闻——鲜有：少有。

香远益清——益：更，更加。

予独爱莲之出淤泥而不染——之：无义，起舒缓语气的作用。出：生。

菊之爱——对菊的爱，指爱菊的人。“莲之爱”“牡丹之爱”同理。

教学内容三：基本解决重点句子理解方面的难点（约12分钟）。

①朗读课文，教师提示两段文字前后的照应。

②反复朗读——“予独爱莲之出淤泥而不染，濯清涟而不妖，中通外直，不蔓不枝，香远益清，亭亭净植，可远观而不可亵玩焉。”

③请学生解说这一句话的基本内容。

④讨论：我们能从这一句话中看出、读出、悟出多少种美来？

师生之间的对话可能有：可以看出画面美，形态美，神态美；可以读

出描写美，语音美，情感美；可以悟出品格美，气质美，高洁美，正直美，风度美，清高美，质朴美……

⑤学生根据这句话的内容，自由对莲说话：

莲花呀，你出于淤泥，却是冰肌玉骨，洁白无瑕；你被清水洗濯，却天真自然，并不妖冶艳媚。中通外直，你敞开豁达正直的胸怀；不蔓不枝，又表现出绝不攀附的性格。你花蕊的清香啊，飘得愈远愈是芬芳；你亭亭挺立呀，又是那样清劲纯洁。绿叶的扶持为你频添神采，湖光的映照倍显你的英姿。你的威仪，只可远远瞻仰而不容亵渎哇。

⑥请学生就“写莲与写人”这个话题进行讨论，品析这个句子的意味：

师生对话的内容可参照“映潮品读”中的“意味”部分。

教学内容四：基本解决表达手法理解方面的难点（约 13 分钟）。

①背读课文。

②同学们分组活动，讨论对本课表达手法的理解。

③全班同学进行交流，可能涉及对多种手法的认识。

④教师在对话中将内容主要引导到两个方面，一是托物言志，一是衬托手法，并对学生观点进行简要讲析。如：

作者写菊和牡丹，一是对莲起衬托作用，在反复的衬托之中既突出莲的品格，又表达自己的情怀；二是由三种花引出三种评价和比较，明为写花，实际写人，写出人们对生活理想的三种选择，突现自己对胸怀磊落、行为正直、不慕名利、洁身自好等高洁品德的崇尚。作者好像是在写花，而实际上是托物言志、弦外有音，这就是我们所说的“意蕴”。

教学创意二：课文美点欣赏

突出美点，进行美点欣赏式教学，从不同的角度对课文进行品析与欣赏。

教学内容一：朗读，感受课文的语言之美。

①教读。参照“映潮品读”中的“诵读”部分。

②自读体味。

③话题讨论：说说你感受到的文中的语言之美。

通过反复诵读，让学生感受文章的语音之美，体会到文章凝练流畅、优美洒脱、音调和谐、节奏明快、形式丰富、修辞手法多样的语言之美。

教学内容二：品析，探究课文的结构之美。

①思考：课文的结构之美表现在哪些地方？

②全班讨论。

通过话题讨论，让学生理解文章精妙的结构层次，理解各个段落的表达作用，理解文章内容的详略剪裁，理解事物形象的照应与烘托，并明确全文的主体形象“莲”是如何被反复点染刻画的。

教学内容三：欣赏，品析课文的意趣之美。

①学生初探。

②教师讲析。

教师讲析课文的表现手法、情感抒发和物象意趣，让学生理解课文以花喻人、托物言志的美妙写法，领略文章隽永的意境之美。

27.《白雪歌送武判官归京》创新教学设计

映潮品读

《白雪歌送武判官归京》简明评点

《白雪歌送武判官归京》是岑参写的诗，作为一首“七言古诗”“咏雪诗”“送别诗”“边塞诗”“军营诗”，千百年来，它一直被人们传诵、喜爱。

北风卷地白草折，胡天八月即飞雪。

写风狂雪骤，写的是外景、动景、全景。写了地域之远，季节之早，风力之大。

忽如一夜春风来，千树万树梨花开。

写雪的名句，作者用特写镜头描绘出壮阔迷人的塞北雪景图。比喻生动，画面奇丽。“忽”“一夜”生动地写出了诗人的惊讶和赞叹；“千树万树”足见雪景的壮阔；“梨花”不仅写出了雪花皎洁悦目的白色，而且传神地表现了雪花成簇的形态。

以上四句写边地雄奇壮丽的雪景，先写风狂雪猛，再写雪景明丽。作者以神来之笔写变幻之景，表达了惊奇而又惊喜的感情。

散入珠帘湿罗幕，狐裘不暖锦衾薄。
将军角弓不得控，都护铁衣冷难着。

写雪天里的军帐、军营。虽是写人，实则写雪。“狐裘不暖”“锦衾薄”“角弓不得控”“铁衣冷难着”等几个反常细节，刻画出塞外风雪的威严风骨，突出了北方雪天之奇冷。

这四句通过写军营将士的苦寒生活，侧面烘托出大雪的寒威。从开头眼见“北风卷地白草折”的威猛，到观赏“千树万树梨花开”的壮美，再到体验奇寒难熬的艰苦，诗人抒发了自己的各种真情实感。从雪的瑰美写到雪的严寒，其中大多是以特写式的镜头从正面或侧面来表现的。

瀚海阑干百丈冰，愁云惨淡万里凝。

这里写的是外景，是定格的静景：由近及远，一写千里冰封的地上景色，一写万里凝云的天上景色，语势夸张，画面壮阔，气势磅礴地勾勒了瑰奇的沙漠雪景，进一步描写了环境之奇冷。

这两句是过渡。一个“愁”字，一个“惨”字，不仅为饯别场面酝酿了气氛，而且暗写了武判官归京的路途艰辛。

中军置酒饮归客，胡琴琵琶与羌笛。

写内景，点出“归客”，写人，写事，写声，写热烈的气氛，写酒宴的热闹场面，写边塞的音乐特色。让人想象劝酒的热闹、话别的殷切与乐曲的悠扬。

纷纷暮雪下辕门，风掣红旗冻不翻。

写辕门外的冰雪画面，写归客起程的情景，写雪大风寒。“风掣红旗冻不翻”是描写边塞奇寒奇景的名句。纷纷暮雪与不翻红旗相互映照：一白一红，一动一静，营造出一种庄严沉滞的气氛，深切地表现出人们送行时刻的沉重心情。

轮台东门送君去，去时雪满天山路。

一幅雪中送别的感人画面。深情送别，送出辕门，现送至轮台东门，“雪满天山路”，感情深沉，暗含着作者的担心与牵挂。

山回路转不见君，雪上空留马行处。

全诗诗眼。作者用叙述作结，寓浓情于淡墨之中，给人一种言尽而意无穷的感觉——从那望着雪地上的马蹄印迹的默默沉思中，我们似乎真切地看到了诗人那种依依惜别、怅然若失的情状。

以上八句写送别情景。“胡琴琵琶与羌笛”的音乐声烘托着离别的惆怅，“风掣红旗冻不翻”的特写生动地表现了边塞的奇寒，而画面上渐行

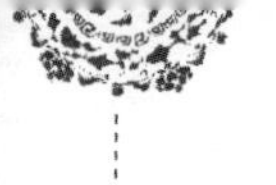

渐远的马蹄印迹，更是让人思绪绵延。

整首诗从咏雪写到送人，在咏雪中含送人，在送人中有咏雪，景情合一，独具匠心。作者运用比喻、夸张等手法，浓重铺叙风狂气肃、设宴饯别、依依相送等场面和细节，既表现了鲜明的边塞雪景特色，又写出了古代戍边将领的特殊生活感受，更表达了雪中送别的深挚友情。

映潮说课

教学创意：诵读，译讲，欣赏，听记

这一篇课文的教学角度比较多，既可以用几首诗联读的方式进行教学：①“咏雪诗”联读；②岑参诗联读；③“边塞诗”联读；④“送别诗”联读；⑤“军营诗”联读。也可以从课文单篇欣赏的角度进行教学。

本教学设计采用课文单篇欣赏的教学角度。

主要教学内容与教学步骤如下：

简洁导入。

教学铺垫。

学生背诵王维的《使至塞上》：

单车欲问边，属国过居延。
征蓬出汉塞，归雁入胡天。
大漠孤烟直，长河落日圆。
萧关逢候骑，都护在燕然。

教师引入对“边塞诗”的介绍：

大家朗诵的这首诗，写的是出塞，“大漠孤烟直，长河落日圆”写的就是塞外风光。这首诗就是典型的“边塞诗”。

“边塞诗”是盛唐时代写边塞、从军、守边、战斗的诗歌，著名的“边塞诗人”有高适、岑参、王昌龄等。“边塞诗”表现着边塞将士慷慨报国的英雄气概和建功立业的豪情，描述了边塞雄奇瑰丽的奇异景色，气势雄伟，意境开阔，情调激越，音韵铿锵，表现出动人心魄的阳刚之美。

顺势引出对岑参的介绍：

岑参，唐代诗人。中年曾两次出塞，诗作题材由此空前开阔，雄奇瑰丽的色彩成为他“边塞诗”的基本色调。岑参的“边塞诗”不只写军事行动，还别开生面地描写了边塞景色。有时他把这些奇异景色同军营的日常生活结合起来描述，给人以生机勃勃之感，其中最具有代表性的是《白雪歌送武判官归京》。

教师出示课文中的生字、难词，以及词义解释。学生朗读、识记、理解。

（1）诵读

①学生倾听课文的朗读录音。

②学生模仿，自由朗读全诗。

③教师朗读指导与示范：

本诗前四句写雪地外景。写了风力之强，点明了地域、时令、时间、事物，朗读时要注意突出关键词语；第三、四两句为千古名句，朗读时可气息饱满、音调高昂，表达赞美之情。

随着雪花飞舞，诗人从远至近、从外至内，写了雪天里的军帐。从“散入珠帘湿罗幕”开始，音调渐低，读好“狐裘不暖”“锦衾薄”“角弓不得控”“铁衣冷难着”几个反常细节，以凸显北方雪天气候之奇冷。

“瀚海”至“万里凝”两句，诗人从帐内写至帐外，进一步描写了环境之奇冷。朗读音量可以略略加大，以表现诗人描写的外景范围更加开阔。

从“中军”开始，诗人才写到“送”的情景：先写帐内饮别，再写帐外送君，最后写武判官走远不见。这时要体现出诗人的离情别绪，可用带些悲愁的语调吟诵送别的全过程。诗人悠悠不尽的惆怅依恋之情，朋友之间的深情厚谊，可通过最后两句的反复得以强调、渲染。

④学生体味，练习朗读。

⑤自由演读，背诵。

（2）译讲

主话题：请学生根据课文注释，独立自主地译讲全诗的内容。

教师可用下面的资料帮助学生进行理解：

《白雪歌送武判官归京》译诗：

北风卷地而起吹折白草，胡地塞外八月满天飞雪。
忽然好像一夜春风吹来，千树万树梨花迎风盛开。
雪花飞进珠帘浸湿罗幕，狐袍不暖锦被也嫌单薄。
将军的角弓冻得拉不开，都护的铁衣冰冷难穿戴。
浩瀚沙漠覆盖着百丈冰，万里长空布满暗淡阴云。
中军设宴欢送回京客人，胡琴琵琶与羌笛齐演奏。
傍晚雪花在辕门纷纷飘，红旗冻住风吹也不翻动。
从轮台东门送你回京去，出发时雪花落满天山路。
山路曲折霎时看不见你，雪上留下一行马蹄印迹。

（《中国剪报》2001 年 1 月 4 日第 1032 期）

（3）欣赏

话题一：本诗字里行间的“奇”。

话题二：本诗字里行间的“美”。

请学生自选话题，自选内容，对课文进行品析欣赏。

教师需要就课文欣赏进行充分的准备，以便和学生进行生动的课堂对话。如：

“忽如一夜春风来，千树万树梨花开”一句，真是奇思妙笔。

“忽如一夜春风来，千树万树梨花开”写雪后明丽可爱的景色。以神来之笔写变幻之景。诗人由惊奇而欣喜，感情有起有伏，富有奇趣。

“忽如一夜春风来，千树万树梨花开”写出了大雪成簇怒放的景致，“千树万树”足见边塞雪景的壮阔无垠，给我们以无比奇丽的感觉。

“忽如一夜春风来，千树万树梨花开”既是正面描写，又是特写镜头，诗人运笔奇妙，铺展出一幅壮阔的塞北雪景图。

“忽如一夜春风来，千树万树梨花开”一句，构想奇特，写的是风狂雪骤、大雪压枝，虽然我们不见“寒”字，不见“雪”字，但是感受到的是纯美辽阔的画面，是繁荣壮美的气象。

（4）听记

教师的小结可利用下面的资料：

开头两句是狂风飞雪的全景式镜头，三、四两句是特写镜头，这也是写雪的名句。前四句是外景，“散入珠帘”等四句是内景。“瀚海”两句又是外景：一句是千里冰封的地上景色，一句是万里凝云的天山景色。“中军”两句又写内景，是置酒奏乐的热闹场面。“纷纷暮雪”两句写辕门外的冰雪场面。“轮台”两句是一幅雪中送别的感人场面。最后两句以叙述作结，但有一种“言尽而意未尽”的感觉。后六句都是外景，与开头呼应，浑然一体。一幅幅画面不停转换，外景内景互相衬托，使全诗景象繁多，错综变化，有很强的立体感，像一幅幅摄影作品。

（宋子伟：《咏雪诗话》，《语文天地》2002 年第 1 期）

整个诗篇写边塞雪景寄寓别情。“雪”为全诗纽带，“情”为全诗灵魂。咏雪中蕴涵着送人，送人中着意咏雪。诗中四个“雪”字，各得其所，各有深意，精妙之至。第一个“雪”字写送别时的雪景，以雪美抒怀，表现诗人难舍之情；第二个“雪”字写饯别时的雪景，以雪稠寄意，突出主人心情郁闷；第三个“雪”字写送客归京时的雪景，以雪封作铺垫，倾吐诗人对战友艰难旅程的关切和隐忧；第四个“雪”字写征人远去留下的马蹄雪迹，以雪路漫漫为喻，寄寓诗人绵绵愁思和恋乡怀友的复杂情志。这就是《白雪歌送武判官归京》诗中有雪、雪中有诗的艺术魅力的真谛所在。

（张稔：《诗写雪　雪寄情——〈白雪歌送武判官归京〉的雪美艺术》，《语文学刊》2003 年第 3 期）

28.《答谢中书书》创新教学设计

映潮品读

用“旁逸斜出”的方法读课文

阅读钻研《答谢中书书》，可以用一点“旁逸斜出”的方法。

比如《答谢中书书》中的第二个“书”。

“书”可以引出“札”：引申为书信，如书札。

“书”可以引出“尺牍”：在纸张发明之前，用竹木或帛，制成尺长左右的版面，用以书写记事，叙情表意，传递消息，因此有尺素、尺函、尺牍、尺鲤、尺笺、尺翰、尺书等多种称谓，其中以“尺牍”用得最早也最多，故成为信件的代称。

比如由文章的作者陶弘景，可以引出对他的更多的介绍，让我们对作者有更加全面的了解：

陶弘景（456—536）字通明，自号华阳隐居，卒谥贞白，丹阳秣陵（今属江苏南京）人。历经南朝宋、齐、梁三代，宋末为诸王侍读，入齐除奉朝请，齐武帝永明十年拜表解职，栖止于句容之句曲山，梁武帝时屡聘不就。一生著述甚丰，传世者有《真诰》《登真隐诀》《洞玄灵宝真灵位业图》《周氏冥通记》《养性延命录》《古今刀剑录》等。

（王京州：《宋本〈陶弘景集〉源流考》，《古籍整理研究学刊》2006年第3期）

陶弘景是齐梁时期道教上清派创始人，曾与梁武帝来往密切，时称“山中宰相”。他不仅以道教宗师名垂青史，且参与了当时的文学创作。明代汪士贤《汉魏六朝二十名家集》及张溥《汉魏六朝百三名家集》均为他设有专集，可见其文学必有特异之处。

（张兰花：《陶弘景道教文学论略》，《浙江社会科学》2008年第3期）

南朝时齐梁道士陶弘景，生于宋孝建三年（456年）三月三十日，他不仅是著名的道教学者，道教上清派尊奉的第九代宗师；而且许多贡献在于科技和文化领域。《茅山志》记载：陶弘景是丹阳秣陵（今南京市）人，字通明，解化于梁大同二年（536年）三月十二日，谥号贞白先生。其毕生著作二百余卷，门下受经法者三千余人。

（袁志鸿：《陶弘景的三教合流》，《三联竞争力》2008年第4期）

陶弘景是南北朝时期著名的医药学家，他不但精通医药学，而且对摄生颐养很有研究。除了《养性延命录》外，他还著有《神农本草经集注》，其中，《养性延命录》是一部对后世影响较大的养生学专著。

（《家庭医药·快乐养生》2010年第5期）

由对《答谢中书书》文章的欣赏，还可以引出以下名词术语，以深化我们对文章的品读欣赏。

“小品”。散文品种之一。短小灵活，简练隽永，具有描写、议论、抒情、叙事的多重功能，偏重于即兴抒写一时的感想、片段的见闻和点滴的体会，是一种轻便自由的文学形式。

“尺幅千里”。一尺长的画幅，画进了千里长的景象。比喻外形虽小，包含的内容却很多。

“模山范水”。用文字或图画描绘山水景物，模山范水是中国造园艺术的最大特点之一。

“情景交融”。指文艺作品中环境的描写、气氛的渲染跟人物思想感情的抒发结合得很紧密。情景交融包括寓情于景和借景抒情。

“诗情画意”。如诗的感情，如画的意境。指文学作品中的情趣，也指风景优美，耐人寻味，就像诗画里描摹的能给人美感的意境。

“相映成趣”。映：对照、映衬。相互衬托着，显得很有趣味，很有意思。

“骈散结合”。骈句，指的是结构相似、内容相关、行文相邻、字数相等的两句话，跟对偶相似，只是不像对偶那样在音韵上有严格的要求。散句，则是相对于骈句而言，也可以说，骈句以外的句子都是散句。

“仙风道骨”。骨：气概。仙人的风度，道长的气概。形容人的风骨神采与众不同。

还有“虚实相生”“动静相宜”“一唱三叹”“寄情山水”等，都是我们应该理解且能熟练运用的。

再比如对《答谢中书书》的译说，我们可以引出多种说法。

有简单明了的译说：

山、水美丽的景色，自古以来人们都在谈论。这里的山高耸入云，水清澈见底。两岸石壁直立，五颜六色，交相辉映。绿树翠竹，一年四季都有。早晨，雾将散未散时，猿鸟啼鸣；夕阳西下，鱼儿竞相跃出水面。这实在是人间仙境。但自从谢灵运后，已不再有能欣赏这奇山妙水的人了。

有生动流畅的译说：

山川景色的美丽，自古以来就是文人雅士共同赞叹的呀。巍峨的山峰耸入云端，明净的溪流清澈见底。两岸的石壁色彩斑斓，交相辉映。青葱的林木，翠绿的竹丛，四季长存。清晨的薄雾将要消散的时候，传来猿、鸟此起彼伏的鸣叫声；夕阳快要落山的时候，潜游在水中的鱼儿争相跳出水面。这里实在是人间的仙境哪。自从南朝的谢灵运以来，就再也没有人能够欣赏这种奇丽景色了。

有想象丰富的译说：

仁者乐山，智者乐水，山水之美曾经引起了古今多少文人墨客的无限情思。俊俏的山，直直耸立，有白云轻绕，俊美的水，清澈见底，有鱼儿嬉戏。溪水两岸的石壁，更是美妙绝伦：绿树、青草、翠竹、红花、蓝天、白云……四时不同，景色各异，五彩缤纷，交相辉映，美不胜收。特别是青翠的丛林，碧绿的修竹，四季常青，生机盎然。清晨，猿鸟的鸣叫声穿越即将消散的薄雾，传入耳际；傍晚，夕阳的余晖中，鱼儿在水中竞相嬉戏跳跃。这里真是人间的天堂！自从南朝谢灵运以来，再也没有人能欣赏到这奇妙的景观了。

…………

这些其实都是我们的教学资源，都能够在教学之中为我所用。

教学创意：运用“线索式思路”进行教学

所谓“线索式思路”，就是以某一种阅读活动贯穿教学的始终，将这种阅读活动作为教学的线索。如下面的教学思路中，每一个教学步骤中都有“朗读”，“朗读”就是教学的线索。

步骤一：朗读，自读自讲

全班同学朗读课文，教师朗读课文，同桌之间朗读课文。此次的朗读为“感知性朗读”。

学生质疑问难，教师梳理学生提问的内容，指导学生朗读课文注释，并补充：

俱备：齐备，全有。俱，全、都。

晓：清晨。

未复：不再。

学生根据课文注释和教师的解说，各自译说课文，如：

山水美丽的景色，自古以来人们都在谈论。这里的山高耸入云，水清澈见底。两岸石壁直立，五颜六色，交相辉映。绿树翠竹，一年四季都有。早晨，雾将散未散时，猿鸟啼鸣；夕阳西下，鱼儿竞相跃出水面。这实在是人间仙境。自从谢灵运后，已不再有能欣赏这奇山妙水的人了。

译说课文的重点，是准确地解说文中最后一个句子：

自从南朝谢灵运以来，再也没有人能欣赏到这奇妙的景观了。

或：自从南朝谢灵运以来，再也没有能欣赏这奇山妙水的人了。

步骤二：朗读，趣味练习

学生再朗读。要求读出课文的三个层次。此次的朗读为“分析式朗读”，通过朗读锻炼学生的分析能力。

趣味练习一，将课文“变形”为三个部分：

山川之美，古来共谈。

高峰入云，清流见底。两岸石壁，五色交辉。青林翠竹，四时俱备。晓雾将歇，猿鸟乱鸣；夕日欲颓，沉鳞竞跃。

实是欲界之仙都。自康乐以来，未复有能与其奇者。

趣味练习二，将课文的某一个地方的句号改为分号，将课文某一个地方的句号改为感叹号：

山川之美，古来共谈。

高峰入云，清流见底。两岸石壁，五色交辉；青林翠竹，四时俱备。晓雾将歇，猿鸟乱鸣；夕日欲颓，沉鳞竞跃。

实是欲界之仙都！自康乐以来，未复有能与其奇者。

根据趣味练习二再进行朗读。

顺势背诵全文。

步骤三：朗读，语言欣赏

学生朗读，要求读出陶醉感；学生朗读，要求读出赞叹感。此次朗读为“体味式朗读”，为“演读”。

学生进行“美句欣赏”，即欣赏文中的写景美句。

师生对话内容主要有：

高峰入云，清流见底。

此句从仰视与俯视的角度写山写水，句式对偶，音韵铿锵。前四个字写山之高，后四个字写水之清。一个“入”字，写出了山峰高耸于云间；一个“见”字，写出了水的清澈亮丽。

两岸石壁，五色交辉。

写远眺所见所感。这是写空间，绘色彩：描写了两岸山岩陡峭、色彩斑斓、交映相辉的绚烂画面。

青林翠竹，四时俱备。

写平视所见所感。这里既写空间，又写时间：描写了树林青翠、篁竹深绿、不论春夏秋冬都是满山秀色的画面。

以上是壮丽的景色、宏观的景色，是四季之中的美好景色。

晓雾将歇，猿鸟乱鸣；夕日欲颓，沉鳞竞跃。

这里是写细节，写微观景色，写一日之内的美好景色。作者扣住最能表现景色特征的时间——早晚来描绘。在旭日东升、晨雾将散的时候，山林中呈现一片猿鸟争鸣的欢腾景象。“乱”字写出了猿鸟争鸣的喧闹景象，“竞”字写出鱼儿争先恐后跃出水面的场景。一早一晚，一静一动，一空中一水面，一鸣一跃，构成了多姿多彩的立体流动画面。

最后，教师出示对全文的句子品析的内容，学生朗读，教师结束课文教学。

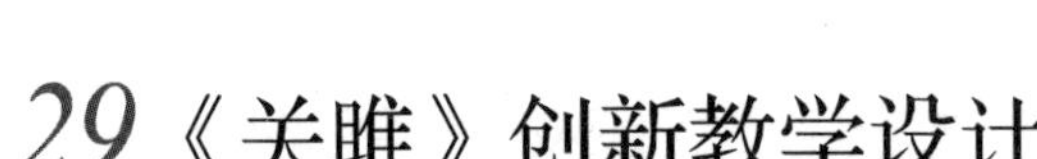

29.《关雎》创新教学设计

映潮品读

《关雎》之美

《关雎》是《诗经·国风·周南》的首篇，也是《诗经》中的第一篇。“关雎”是它的篇名，取自第一句“关关雎鸠”中的两个字。这是一首古老的恋歌，古人把它放在三百篇之首，作为“国风”之始，《诗经》之首，表现了它的重要性。孔子曾经说过：“《关雎》乐而不淫，哀而不伤。”这大约是说，这首诗在情感把握上很有分寸感，守规矩，有礼貌，不过头。

对于《关雎》，现代人一般认为它是中国文学史上第一首爱情诗，是一首缠绵的恋歌，它抒写了一位青年男子对一位淑女一往情深的追求。

下面我们从不同的角度来欣赏《关雎》之美。

第一，《关雎》之美，美在思想情感。

一位男子思慕着一位美丽贤淑的少女，由于爱恋深切，这位少女的形象反复在他脑中出现，使他不安，使他难以忘却。他幻想着终有一天，能与这位少女结为永好，成为夫妇，过上和谐美满的幸福生活。诗中所表达的感情质朴、真率，千年后读起来，还是那么清新动人。

第二，《关雎》之美，美在重章叠句。

所谓重章叠句，是诗的上下章或上下句用相同的结构形式反复咏唱的一种表情达意的方法。重章，指各章的句法基本相同，中间只变换相应的几个字；叠句，指相同的句子反复使用并前后呼应地重叠。

重章叠句是《诗经》中语言运用的一种技巧和表达主题的一种手段，这也形成了《诗经》篇章结构和语言表达上的一大特色。

这样的结构特点、章法特点带来的表达效果是：表现出形态的美感，表现出层次的美感，表现出抒情的美感。

正如诗中所写，一位美丽的姑娘引起一位男子的思慕，那“窈窕淑女”的形象使他执着追求，寤寐不忘，日夜思念，“悠哉悠哉，辗转反侧”。他朝思暮想，“琴瑟友之”“钟鼓乐之”成为他的美好愿望。

因为重章叠句，一唱三叹，整首诗表现出回环往复的复沓之美，深化了诗歌的主体内容，渲染了深情的气氛；它显现了诗的节奏感、韵律感以及深长的韵味感。反复咏唱，更是强化了情感波澜的表达，表现出往复进行的抒情力度。

第三，《关雎》之美，美在精彩词句。

《关雎》只有 80 个字，却讲述了一个完整的富有情趣的爱情故事。

语言的表达也充满艺术的魅力，让人赞叹。如：“窈窕”是叠韵，“参差”是双声，“辗转”既是双声又是叠韵。

用“关关”形容雎鸠和鸣的情景，用“辗转反侧”描画动作，用“窈窕”模拟淑女形象，用“参差”描写景物荇菜，无不活泼逼真，声情并茂。

“关关雎鸠”写出了听觉之美，“在河之洲”写出了视觉之美。“窈窕淑女，君子好逑”写出了感觉、念想之美。

“参差”描写出荇菜的形态与动感，“窈窕”形容品德美好、体态美妙，“淑女”写出了清纯与端庄，“辗转反侧”生动地勾勒出情满心头、无法入眠的生动情景，“琴瑟友之”表现了温文尔雅的君子风度，“钟鼓乐之”描绘了美好期盼中的喜庆画面。

最精彩的描写在这样的诗句中：“求之不得，寤寐思服。悠哉悠哉，辗转反侧。”此四句，前人评论为“诗中波澜”，确实是诗中的高妙之笔。它写出了细节，表现了心情，烘托了画面，渲染了情景，“悠哉悠哉”舒缓了诗句的节奏，着意加重了感情色彩，“辗转反侧”映衬着“琴瑟友之”的情节波澜：它们为整首诗平添了生动美妙的情感色彩。

…………

映潮说课

教学创意：课文美感品析，评赞微文写作

用一个课时完成《关雎》的审美阅读教学，安排四次课中活动。

导语：《诗经》中有不少歌咏爱情的诗，或表达对美好爱情的向往和追求，或抒发爱而不得的忧伤和怅惘，这些诗，今天读来仍然会让人怦然

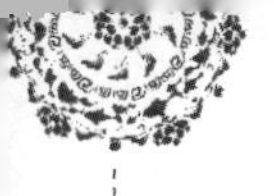

心动，获得美的愉悦。诵读这两首诗，用心体会诗中歌咏的美好感情。

活动一：课文初读，背景知识介绍

课始，学生听读课文。教师综合利用课后知识卡片和课文注释介绍《诗经》的基本知识，引入《关雎》的教学。

活动二：课文朗读，理解词意句意

（1）认字识词，理解词义。

（2）学生试读课文，根据课文注释尝试着理解《关雎》的句意。

（3）指导与训练学生朗读课文。一读，读准字音，读好节奏；二读，把握语速，读清层次；三读，读好重音，抒发情感。学生反复练习。

（4）诗歌翻译，请大家一起将本诗翻译为白话诗。

教师示例第一、二章，学生笔译第三章：

雎鸠不停地关关鸣叫，它们栖居在河中小洲上。
那文静善良的女子，是君子理想的好对象。
长短不齐的荇菜，姑娘左右采摘忙。
对那文静善良的女子，醒着睡着都一直在想。
可是追求不到她呀，醒着睡着都一直在思念。
思念之情绵绵不断，翻来覆去到天亮。
长短不齐的荇菜，姑娘左右采摘忙。
对那文静善良的女子，弹琴鼓瑟来对她表示友好。
长短不齐的荇菜，姑娘左右采摘忙。
对那文静善良的女子，鸣钟击鼓来使她的心欢畅。

活动三：课文背读，诗中美感品析

（1）学生背诵诗歌。

（2）出示话题：请学生根据课后“思考探究”的“一”“二”和“积累拓展”的“四”的提示，品析《关雎》之美。

教师示例，学生静读、批注，课中发言，师生对话。

教师的小结可运用“映潮品读”中对“重章叠句”美感的赏析内容，

给学生讲析“起兴”之美：“兴”，也称为“托物起兴”，即先从别的景物或事物写起，引出所吟咏的对象，这是一种委婉含蓄的表现手法。

“兴”的作用与妙处：

第一，安排一下过渡，先酝酿一种“氛围”，再引出所咏之物或所叙之事，从而表现出铺垫的美、缓冲的美，也就是表现出一种从容显现之美。“关关雎鸠，在河之洲”八个字，写出了好听的声音，写出了好看的鸟儿，再引出了美丽的淑女，这种舒缓的感觉就特别的好。

第二，描述一下情景，表现一种“环境”，再引出所咏之物或所叙之事，从而表现出氛围的美，逐层浸润的美。“关关雎鸠，在河之洲”八个字，表现出了水鸟美、声音美、小河美、小洲美。先写这一笔，在美的氛围中表现着淑女的美。

第三，设置一种隐喻，做好一种“铺垫”，表现出比喻的美。“关关雎鸠，在河之洲”八个字，用水中陆地上关关鸣叫、互相唱和的雄雌雎鸠起兴，引发诗人的联想，拨动了心中敏感的爱情之弦，隐隐地含有自由幸福地恩爱就像这雎鸠一样幸福地恩爱的意味。

所以，“起兴”的手法能够让表达委婉含蓄，意境优美；能够让情感寄托深远，意味深长；能够形成优美的表达层次，它起着过渡、缓冲、铺垫、描绘景物、设置比喻、引发联想，以至表达象征的作用，从而让所咏之事更具美好的韵味与意境。

活动四：课文美读，抒情片段写作

话题：《关雎》之美，美在情味，美在语言，美在手法，美在形式。请大家再次感受诗中之美，以“这就是《关雎》”为题，写一小段评说、赞美本诗的抒情文字。

学生写作，课中发言，朗读自己的作品。

教师出示有关内容：

这就是《关雎》：运用富有浪漫情调的手法，以“关雎”起兴，点出君子欲与淑女两情相悦的主题，生动表现了一种热烈、执着、浪漫、庄重的爱情故事。

这就是《关雎》：全诗有齐整的句式，有自然的节奏，有反复的咏唱，有音韵的美感，还有让人遐思的故事波澜。

这就是《关雎》：有关关的雎鸠，有平坦的沙洲；有潺潺的小河，有青青的荇菜；有一见钟情，有不眠之夜；有琴瑟之音，有钟鼓之声；有悠悠的思念，有满满的爱意；有美丽聪慧的姑娘，有追求幸福的君子；有淳朴自然的风格，有清新美好的意境，有令人遐思的余味。

学生朗读，教师收束教学。

30.《记承天寺夜游》创新教学设计

映潮品读

《记承天寺夜游》教学资料集萃

梁衡先生曾深情赞美过两篇文言小品：

有一种画轴，且细且长，静静垂于厅堂之侧。她不与那些巨幅大作比气势、争地位，却以自己特有的淡雅、高洁，惹人喜爱。在我国古典文学宝库中，就垂着这样两轴精品，这就是宋苏东坡的《记承天寺夜游》和明张岱的《湖心亭看雪》。

（梁衡：《秋月冬雪两轴画》，《青年文摘》（红版）1984 年第 2 期）

被贬黄州的苏轼在宋元丰六年写下的《记承天寺夜游》，是表达即兴偶感的名作，被林语堂先生誉为“他笔下最精的作品”之一。其中写景的美句“庭下如积水空明，水中藻、荇交横，盖竹柏影也”是人们喜爱的千古名句。

下面的内容，就是欣赏此句的片段资料：

“积水空明”写月光的清澈透明，“藻、荇交横”写竹柏倒影的清丽淡雅。作者以高度凝练的笔墨，点染出一个空明澄澈、疏影摇曳、似真似幻的美妙境界。

（选自人教版《教师教学用书》）

人们经过一天的劳作后，在月光下小憩，心情自然是恬静、明快的。月色给人以甜美。

苏东坡只用了十八个字，就创造出了这个意境：“庭中如积水空明。水中藻、荇交横，盖竹柏影也。”庭、水、藻、荇、竹、柏，他用了六种形象，全是比喻。先是明喻，“庭中如积水空明”。月光如水，本是人们用俗了的句子，苏轼却能翻新意，而将整座庭子注满了水。水本是无色之物，实有其物，看似却无，月光不正是如此吗？“空明”二字更是绝妙，用“空”去修饰一种色调，出奇制胜。第二句用借喻，以客代主，索性把庭中当作水中来比喻，说“藻、荇交横”，最后总之以“盖竹柏影也”，点透真情。这样先客后主，明暗交替，抑抑扬扬，使人自然而然地步入了一片皎洁、恬静的月色之中。

（梁衡：《秋月冬雪两轴画》，《青年文摘》（红版）1984年第2期）

全句无一字写“月”，而又无一字不在写“月”。月光临照，庭下如积水空明，可以推见到月色之明了；“水中藻、荇交横”，可以推见月光之清了。月光透过竹叶柏枝，投影地上，才会形成如此奇妙的景象。而积水空明和藻荇交横，相映生色，互相烘染，就平添了月夜夜游的三分美景了。苏轼在此文中处处扣住个“月”字写夜游，这是特点之一。他写月，不像初唐张若虚的《春江花月夜》繁词竞采，而是轻点几笔，则境界全出。这是特点之二。苏轼写月夜景，不是明写，而是暗写，别具匠心地从竹柏影入手，使之推见到月色清朗空明，这是特点之三。

（吴功正：《字唯期少意唯期多——读苏轼的一篇散文》，《古今名作鉴赏集萃》）

庭下如积水空明，水中藻、荇交横，盖竹柏影也。

这写的是水吗？不，它是在借水写月，是写了美丽的月色而并不言及美丽的月。

这与直接描写月色相比，有什么好处呢？

好在创造，好在新颖，好在写出了作者在那刹那间的真实感受，写出了一种非常幽雅的情味：既写了那清幽澄明的就像水下宫殿一样的奇美环境，又写了月色的皎洁和月光的柔和。

这就是“一笔双写”的美妙笔法，它言此意彼，虚实相生，语言凝练，令人回味；它比直接描写某物更能表现优美的意境。

（余映朝：《余映潮阅读教学艺术50讲》）

这篇短文没写奇景，没绘幽胜，然而却描写了一个玲珑剔透，冰清玉洁的银辉世界：“积水空明”“水中藻、荇交横”。这两句高度传神之笔集中写了夜月的透明。前一句写大片月光泻地，清辉透澈，明净无比；后一句写月色穿透竹柏，星星点点，碎银一般，楚楚动人。这种明月如洗、夜光清幽的美丽画面，真使人达到了如醉如痴的地步。

（何春雅：《一首清冷的月光曲》，《阅读与鉴赏》（高中版）2002 年第 10 期）

苏东坡眼中月光如水般平静，心中月光却藏着波澜。他用少到不能再少的文字（仅十八字），状写出流传千古的“苏氏月光”：月光洒落，如庭院积水，水草交错，原是竹柏倒影。虚无之物，历历在目；动静和谐，亦实亦空。没着一个月字，却满目月华。如抒情诗，如小夜曲，渲染出一种天地洁美的情调，抒发了一种浪漫文人的心境。特别是结句“闲人”二字，意味深长，既有人生不如意的悲凉之感，又有人与自然相融的温暖之色。

（邸玉超：《宋朝的月光》，《中学语文》（学生版）2007 年第 12 期）

这历来被誉为写月色的绝唱。究其原因，不外三点。其一，处处有月又处处不提月。三句之中没提一个月字，但给人的感觉却是月光无处不在。这个表里澄澈的月的世界，完全是靠喻体来完成的。其二，比喻能摆脱陈俗的旧套，它与视觉、错觉、悬念、联想结合起来，给人耳目一新之感。……这种悬想设疑之法不但把竹柏的影子写得生动而逼真，而且还暗示出那无处不在的月色，确实无比精妙。其三，动静相承，给月色增添十分诗意。“积水空明”，这是一种静谧之美；“藻、荇交横”，这是一种动态摇曳之美。给我们勾画出了一个淡雅而又具有风韵的诗化的透明世界。只有在这个世界中，作者才摆脱了迁谪的压迫感，才从类似拘囚的狭小天地中解放出来，才能达到一种物我两忘、天地共存的悟境。

（姚文慧：《从〈记承天寺夜游〉中看苏轼的月亮情结》，《教坛聚焦》2009 年第 8 期）

映潮说课

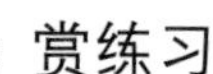

教学创意：一次自读练习，一次背读练习，一次欣赏练习

[背景材料介绍]

苏轼，北宋著名文学家、书画家，唐宋八大家之一。字子瞻，号东坡居士，今四川眉山人。

元丰二年（1079）年，苏轼因“乌台诗案”获罪入狱，随后被流放至湖北黄州。

正是这种难言的孤独，使他彻底洗去了人生的喧闹，去寻找无言的山水，去寻找远逝的古人。……像苏东坡这样的灵魂竟然寂然无声，那么，迟早总会突然冒出一种宏大的奇迹，让这个世界大吃一惊。

（余秋雨：《苏东坡突围》）

（在黄州）他给天下写出了四篇他笔下最精的作品。一首词《赤壁怀古》，两篇月夜泛舟的前后《赤壁赋》，一篇《记承天寺夜游》。单以能写出这些绝世妙文，仇家因羡生妒，把他关入监狱也不无道理。

（林语堂：《苏东坡传》第16章）

（1）一次自读练习

学生自读课文，自读课文注释。

教师补充以下字词注释：

解：脱下，解开。

户：门。这里指门窗、居室。

遂：于是，就。

盖：句首语气词。可译为“原来是”。

交横：横斜交错。

相与步于中庭：一起漫步于庭院中。

学生之间自读自讲课文内容：

元丰六年十月十二日夜晚，我脱了衣服，打算睡觉，这时月光照进门里，我高兴地起来走到户外。想到没有人与我同乐，就到承天寺去找张怀民。怀民也还没有睡，我们就一起在庭院中散步。庭院地面如水一般清明澄澈，水中藻荇纵横交织，原来是竹子和松柏的影子。哪一夜没有月光？哪里没有竹子和松柏？只是缺少像我们两人这样的闲人罢了。

教师小结：

《记承天寺夜游》仅84个字，记叙了在月光皎洁的晚上，作者约好友张怀民在承天寺夜游的情景。文中创造了一个清幽宁静的艺术境界，传达了作者复杂微妙的心境。

（2）一次背读练习

活动：朗读、背诵课文。

活动过程：请学生对课文进行变形——这篇课文只是一个段的形式，它能变形为两个段、三个段、四个段吗？

请学生在课本上勾画，试将课文变形并讲明道理。

课文变形一：

记承天寺夜游

/ 苏轼 /

元丰六年十月十二日夜，解衣欲睡，月色入户，欣然起行。念无与为乐者，遂至承天寺寻张怀民。怀民亦未寝，相与步于中庭。庭下如积水空明，水中藻、荇交横，盖竹柏影也。

（记叙描写）

何夜无月？何处无竹柏？但少闲人如吾两人者耳。

（议论抒情）

教师点评：叙议结合，先叙后议，议论抒情，意味深长。

课文变形二：

记承天寺夜游

/ 苏轼 /

元丰六年十月十二日夜，解衣欲睡，月色入户，欣然起行。念无与为乐者，遂至承天寺寻张怀民。怀民亦未寝，相与步于中庭。

（记叙）

庭下如积水空明，水中藻、荇交横，盖竹柏影也。

（描写）

何夜无月？何处无竹柏？但少闲人如吾两人者耳。

（抒情）

教师点评：文章结构之美显现，文脉清晰，思路明朗，层层推进，表达方式井然有序。

课文变形三：

记承天寺夜游

/ 苏轼 /

元丰六年十月十二日夜，解衣欲睡，月色入户，欣然起行。

（起）

念无与为乐者，遂至承天寺寻张怀民。怀民亦未寝，相与步于中庭。

（承）

庭下如积水空明，水中藻、荇交横，盖竹柏影也。

（转）

何夜无月？何处无竹柏？但少闲人如吾两人者耳。

（合）

教师点评：起，写出了事件的背景；承，写出了寻友的情景；转，写出了美丽的月景；合，写出了非同一般的心境。由“月色入户”到“月下寻友”到“月影清丽”到“月夜偶感”，情思荡漾，一气呵成。

请学生根据课文结构所表现出来的规律进行背读。

（3）一次欣赏练习

活动：用写的方式欣赏课文，每个学生都要写。

话题：我欣赏到的课文中的一点之美。

提示：学生自由欣赏，可欣赏一字之美，一词之美，一句之美，手法之美，表达方式之美，叙说之美，抒情之美，结构之美，意境之美，情感之美，等等。

学生写话。随后，教师组织学生交流，教师与学生对话。

最后，教师讲析，学生听记：

《记承天寺夜游》美在层次的清朗：第一部分记叙描写，第二部分议论抒情。

美在思路的清晰：抒写背景，叙写情境，描绘月景，表达心境。

美在内容的丰满：月下欣然起行，相与步于中庭，清丽皎洁月色，宁静旷达情怀。

美在月色的描写：有画面感，有色彩感，有澄澈感，有静谧感。

美在情感的波澜：欣然，孤寂，陶醉，感叹。

美在“闲人”的意味：悠闲的情致，宁静的心境，旷达的胸襟，惆怅的心绪。

教师进行课堂小结：

这节课我们主要做了三件事：一、了解；二、读背；三、欣赏。

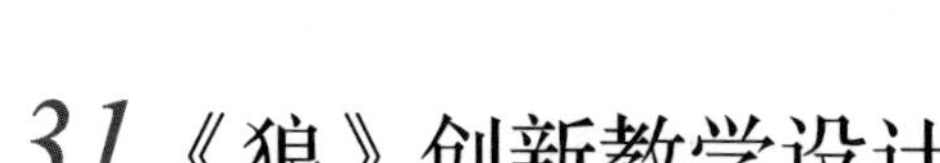

31.《狼》创新教学设计

映潮品读

《狼》分段点评和美点欣赏

下面是对蒲松龄《狼》的分段点评。

（1）一屠晚归，担中肉尽，止有剩骨。途中两狼，缀行甚远。

品评一：写屠户遇狼，点明时间、地点和矛盾的双方。这是故事的开端。

品评二：文章开门见山，渲染情景，又在表达过程中预伏波澜，“担中肉尽，止有剩骨”，为情节的展开埋下了伏笔。

品评三：文章言简意赅，开头20个字，不仅写出了故事的时间、地点、人物、环境，而且渲染出了紧张的气氛。

品评四：一人遇两狼，暗含力量的对比，设置故事的悬念，表现险恶的情景。

（2）屠惧，投以骨。一狼得骨止，一狼仍从。复投之，后狼止而前狼又至。骨已尽矣，而两狼之并驱如故。

品评一：写屠户惧狼，表现屠户的迁就退让和狼的凶恶贪婪。这是故事的发展。

品评二：投骨而不止狼，使人感到屠户面临巨大危险；后狼止而前狼又至，屠户随时有受到攻击的可能。

品评三：描写细腻、生动。“投”“复投”——表现屠户一再退让；“并驱如故”——不仅表现了狼的贪得无厌，而且表现狼懂得配合作战。

品评四：用反复的手法表现紧张的气氛，继续设置故事的悬念。

（3）屠大窘，恐前后受其敌。顾野有麦场，场主积薪其中，苫蔽成丘。屠乃奔倚其下，弛担持刀。狼不敢前，眈眈相向。

品评一：写屠户御狼，表现屠户的果断抉择和狼的不甘罢休。这是故事的进一步发展。

品评二：屠户在情急之中迅速占据有利地势，准备与狼搏斗；“狼不敢前，眈眈相向”——写狼的胆怯，也写它们在伺机而动。

品评三：恐、顾、奔、倚、弛、持——一连串的动词写出了屠户在紧张险恶的环境中还能保持清醒的头脑，想办法与恶狼对峙。“刀”的出现，照应着第一段中的伏笔“屠”，又为下面的情节埋下伏笔。

品评四：人、狼形成紧张的对峙局面，形势难以预料，故事的悬念仍在继续。

(4) 少时，一狼径去，其一犬坐于前。久之，目似瞑，意暇甚。屠暴起，以刀劈狼首，又数刀毙之。方欲行，转视积薪后，一狼洞其中，意将隧入以攻其后也。身已半入，止露尻尾。屠自后断其股，亦毙之。乃悟前狼假寐，盖以诱敌。

品评一：写屠户杀狼，表现屠户的勇敢警觉和狼的狡诈阴险。这是故事的高潮和结局。

品评二：狼的一走一留，让人担心屠户是否会中计；“一狼洞其中”，将危险渲染到了极点，真是一波未平，一波又起，直到禽兽“顷刻两毙”，读者悬着的心才放了下来。

品评三：“一狼径去，其一犬坐于前”——表现狼另有图谋和牵制屠户。“意将隧入以攻其后”——表现狼迂回包抄的狠毒。“身已半入，止露尻尾”——写出了千钧一发之际的险情。故事情节在瞬间发生突变，发生巨大的转折，实在令人回味。

品评四：“乃悟前狼假寐，盖以诱敌”写屠户的醒悟，更写狼的狡黠。教育我们对待像狼一样的人一定要提高警惕。

(5) 狼亦黠矣，而顷刻两毙，禽兽之变诈几何哉？止增笑耳。

品评一：作者发表评论，点明故事的主题。此为第二部分。

品评二：结尾仅 21 个字，就将文章的主题升华到一个新的高度，寓意丰富而深刻。

品评三：人有狼没有的智慧、勇气和力量。对待像狼一样阴险狡诈的恶势力，不能存有幻想，不能妥协退让，要敢于斗争、善于斗争，只有这样才能取得胜利。

品评四：狼终究是愚蠢的，自取灭亡是它们的下场，文章有明显的讥讽意味。

下面是对蒲松龄《狼》的美点欣赏。

美点一：清晰精巧的结构。《狼》由记叙和议论两部分组成，叙议结合，有叙有议，先叙后议。记叙部分情节完整，细节生动，故事内容险象环生，扣人心弦。议论部分是水到渠成，顺势推出，表达作者感情，点明故事中心——蔑视和讽刺像狼一样的恶人及恶势力，颂扬人的勇敢、智慧和力量。

美点二：人狼交织的构思。《狼》这篇文章，写狼必写人，写人必写狼，二者此起彼伏，紧密交织，构成故事情节的波澜。凡是写人的时候，一定有狼的伴随；凡是写狼的时候，一定有人的表现。由此构成紧张曲折的故事，由此表现出作者在场景安排、伏笔照应、悬念设置、对比衬托、描写渲染等方面的表达手法与技巧。

美点三：简洁精练的描写。《狼》的语言，是极有表现力的语言，文笔简练，描写细腻，细节生动。如课文中间的100多个字，写出了故事的全过程，表现了人和狼的性格特征。凡写狼的动作神情之处，无不表现狼的本性。先写贪婪，“缀行”“一狼得骨止，一狼仍从”“后狼止而前狼又至”“两狼之并驱如故”。次写胆怯，“狼不敢前，眈眈相向”。最后重点写阴险狡诈，一狼“犬坐”“目似瞑”“意暇甚”，企图麻痹屠户；另一狼则“径去”“洞其中”“意将隧入”“攻其后”，妄想置屠户于死地。文章正是通过像这样一连串简练生动的描写，把狼的变诈、屠户的机智，表现得淋漓尽致。

美点四：深刻有力的主题。作者在《狼》中成功地塑造了狼的形象。狼“缀行甚远”，贪婪小心；“并驱如故”，形成声势；“眈眈相向”，伺机而动；“一狼径去，其一犬坐于前”，制造假象；“意将隧入以攻其后”，阴险狠毒。但一只狼的“意暇甚”给了屠户的可乘之机，将一只狼殒命刀下，在另一只“身已半入，止露尻尾”之时，制造了死亡的陷阱，“屠自后断其股，亦毙之”。文章揭露了狼的贪婪、凶狠和狡诈的本性，突出了屠户在恶势力面前敢于斗争、善于斗争的精神，告诉了我们恶势力终究逃不出灭亡命运的道理。

映潮说课

教学创意：集体训练，无提问式教学

所谓无提问式教学，就是在一篇课文或者一节课的教学之中，教师不设计提问或者极力克制提问的次数，用具有一定训练力度的学生实践活动代替课中的答问式品读活动。使学生受到有效的课文阅读训练，使班上所有的学生共享大量的课中学习时间。

课始，导入。简介：

蒲松龄（1640—1715），字留仙，世称聊斋先生，清代文学家。著有文言短篇小说集《聊斋志异》等。

聊斋：书屋名。

志：记叙。

异：奇异的故事。

请大家读一读含“狼”字的成语：

狼狈为奸　如狼似虎　狼吞虎咽　狼心狗肺　狼子野心　鬼哭狼嚎
引狼入室　声名狼藉　狼奔豕突

集体训练活动一：读一读

全班学生朗读课文。

一读，感知故事内容，感知课文结构。

二读，学生朗读课文，教师口头评点，使学生了解故事情节。

三读，学生朗读课文，边读边请几个学生概括段落内容。

四读，学生演读课文第四段，读清本段层次，表现课文情景。

集体训练活动二：练一练

全班学生进行课文阅读的书面练习。

一练：辨析一词多义。

①一狼得骨止（　　　）　　止（　　　）有剩骨

②盖以诱敌（　　　）　　恐前后受其敌（　　　）

③一狼洞其（　　　）中　　以攻其（　　　）后

④目似瞑，意（　　　）暇甚　　意（　　　）将隧入以攻其后

二练：写出课文最后一段话的意思，说明它在文中的作用。

狼亦黠矣，而顷刻两毙，禽兽之变诈几何哉？止增笑耳。

三练：语段阅读理解。

少时，一狼径去，其一犬坐于前，久之，目似瞑，意暇甚。屠暴起，以刀劈狼首，又数刀毙之。方欲行，转视积薪后，一狼洞其中，意将隧入以攻其后也。身已半入，止露尻尾。屠自后断其股，亦毙之。乃悟前狼假寐，盖以诱敌。

（1）解释字词。

①方（　　）　②薪（　　）　③尻（　　）　④股（　　）

（2）指出加点词的意思。

①其一犬（　　）坐于前　　②一狼洞（　　）其中

③意将隧（　　）入以攻其后也　　④又数刀（　　）毙之

（3）解说词句的意思。

少时：

径去：

屠暴起：

乃悟前狼假寐，盖以诱敌：

集体训练活动三：品一品

话题：《狼》的故事篇幅短小，结构紧凑，语言简洁生动。试举一例说明语言简洁生动、富有表现力的特点。

教师举例示范：

晚：说明当时路上无人，屠户处于无援境地。

仍从：写狼的贪婪，狼的胆子越来越大，得寸进尺，步步紧追。

一狼径去："径"字用得巧妙，写狼别有意图。留下了悬念，为写狼的狡诈埋下了伏笔。

学生发言的内容可能有：

一屠、两狼：形成对比，写出了屠户身处险境。

途中：写出了特定的环境和地点。

缀行甚远：写出了狼紧跟人的时间之长，距离之远，写出了狼的险恶用心。

投，复投：表现屠户一再退让。

后狼止而前狼又至：甩不掉狼，形势紧迫，使人感到屠户面临巨大危险。

并驱如故：不仅表现了狼的贪得无厌，而且表现狼懂得配合作战。

窘、恐：写屠户的心理；也写屠户更加陷入困境，气氛更加紧张。

恐、顾、奔、倚、弛、持：一连串的动词传神地写出了屠户的心理、动作和神态。

弛担持刀：写屠户准备奋起搏击。

眈眈相向：写出了狼的眼光的凶残与贪婪，写出了两狼伺机进攻。

屠暴起，以刀劈狼首，又数刀毙之：写屠户机警果敢，不失时机，迅速出击。

转视：把惊心动魄的情景展现在眼前，把情节推向高潮。

一狼洞其中：写狼的阴险，将危险渲染到了极点。

乃悟前狼假寐，盖以诱敌：写屠户的醒悟，更写狼的狡黠。教育我们对待像狼一样的人一定要提高警惕。

集体训练活动四：背一背

学生背读课文。

教师进行课堂学习小结：

《狼》语言简洁生动。开头20个字，写出了故事的时间、地点、人物和环境，渲染了紧张的气氛；结尾21个字，点出了主题，寓意深刻。中间100多个字，写了一个充满悬念、波澜起伏、扣人心弦的故事。凡写人、狼的动作神情之处，无不表现人、狼的性格特点。文章正是通过一连串简练生动的描写，把狼的“变诈”、屠户的机智，表现得淋漓尽致。

32.《马说》创新教学设计

映潮品读

《马说》妙点揣摩

妙点揣摩是品读作品的一种方法，运用这种方法能加深对课文的理解，能够锻炼并增强自己的阅读欣赏能力。我们可运用多侧面发现的方法，从词语运用、句子内容、形象塑造、情节结构、表达方式、修辞手法、表达技巧、构思特点以及其他方面来体会课文中写得好的地方，写得精妙的地方，以使自己透彻地理解、品味课文。

下面让我们用妙点揣摩的方法来品味课文《马说》：

世有伯乐，然后有千里马。千里马常有，而伯乐不常有。故虽有名马，祇辱于奴隶人之手，骈死于槽枥之间，不以千里称也。

马之千里者，一食或尽粟一石。食马者不知其能千里而食也。是马也，虽有千里之能，食不饱，力不足，才美不外见，且欲与常马等不可得，安求其能千里也？

策之不以其道，食之不能尽其材，鸣之而不能通其意，执策而临之，曰："天下无马！"呜呼！其真无马邪？其真不知马也。

《马说》一文，妙在反面立论，妙在开篇提出论说的中心，妙在小小的文章点出了一个重大的主题。

妙在三个段落的作用可分别视为提出问题、分析问题与解决问题；也可视为进行了说明、叙述和议论抒情。

妙在全文段落匀称，第一段提问题，第二段摆现象，第三段点实质；妙在这三个层次中的波澜。

妙在三个自然段都用"也"字结尾。情感的表达层层推进：第一段末的"也"流露出惋惜、慨叹的感情；第二段末的"也"表达了同情、激愤与不平；第三段末的"也"，凝聚着作者的愤慨与嘲讽。

妙在“食马者不知其能千里而食也”中的“也”字，有说完一层意思再转换另一层意思的作用；“是马也，虽有……”中的“也”字，是在提醒读者注意“食马者”的无知给千里马所造成的难堪的后果；且两个“也”都有感叹的意味在其中。

妙在第一段从正反两方面说明了伯乐对千里马的重要性，强调了伯乐之少。

妙在第二段论述了千里马已经不能“千里”，从反面说明了“世有伯乐，然后有千里马”的道理。

妙在第三段用“其真不知马也”这句字字铿锵的话，从正面提出与食马者截然相反的结论，点出了全部问题的症结所在，直抒了郁结已久的不满情怀。

妙在对全文内容可以进行这样的推理式概括：唯伯乐知千里马，今食马者非伯乐，所以今食马者真不知马。

妙在构思上，它的特点是以喻为论，托物寄意，针砭时弊；通篇说马，通篇喻人；说的是马，指的是人，点的是人才问题，可谓言在此而意在彼。

妙在全文几乎始终通过形象的描述来表现千里马的遭遇，摆出活生生的事实，省却了讲大道理的笔墨。

妙在以千里马喻英雄，谓英雄豪杰只有遇到伯乐，才可发挥才干，否则很可能被埋没，极写知遇之难。文章寓意深刻，文气矫健，小中见大，有尺幅千里之势。

妙在以伯乐喻明主，表达出贤才俊杰难遇明主之叹。全文波澜起伏，寄意遥深，有一唱三叹的意味和意境。

妙在文中七次点到“千里”，对在位者不能识别人才，摧残、埋没人才表达了强烈的愤慨，小小短文表现了一个绵延千古的主题。

妙在全文中用了十一个“不”字。第一段两个“不”字，“不”中见命运；第二段五个“不”，“不”中见无知，见遭遇；第三段四个“不”字，“不”中见平庸浅薄，见主旨。

妙在第三段极有神采的表达，妙在此段中的层次。

第三段第一层“策之不以其道，食之不能尽其材，鸣之而不能通其意”运用了排比手法，分别从使用不得法、喂养不足量、嘶鸣不解意三个角度，表现执策者的“不知马”。

第三段第二层“执策而临之，曰：‘天下无马’”中的“临之”二字含义很深，无异在说：有眼无珠，近在咫尺，视而不见。“天下无马”是文中最形象的一笔，它可以读出鄙视、藐视、专横、高傲等各种语调，它让我们想象、体味到食马者的形貌状态。

第三段第三层“呜呼！其真无马邪？其真不知马也”这一句，反诘，感叹，先问后答，一锤定音。“不知马”三字，是全文的主旨所在，点出了问题的实质。

妙在句式的运用非常精妙，表现在朗读上，我们读出排比的语气，读出感叹、反问、推断的语气。

妙在它似寓言而非寓言，用比喻说理但又不去正面着力论述自己的看法，简洁洗练而又含蓄婉约，给人回味无穷的感觉。

…………

以上的妙点揣摩告诉我们，在平时的阅读中，我们可以试着从发现美的角度，用审美的眼光去品析研读优美的作品，在美点寻踪、妙要列举、妙点揣摩中体味到阅读的乐趣，提高阅读欣赏的能力。

映潮说课

教学创意：进行“教学厚度”的尝试

创意说明：“教学厚度”，指的是当某一种课堂活动的主体角度确定之后，就要想办法科学地、艺术地、反复而有变化地围绕着这个角度组织课中活动，使之有一个一个台阶，呈现一个一个层次，表现一个一个细节，使这种活动的“量”“质”“趣”都达到理想的程度。

《马说》的教学思路与教学过程如下：

（1）巧妙引读课文

唐代著名散文家韩愈的《马说》是一篇感叹食马者不识马的短文。文中表达了作者深沉的叹息和不平的感慨。

《马说》是通篇借物比喻的杂文，属论说文体。“马说”这个标题是后人加的。“说”就是谈谈的意思，比“论”显得随便些。这篇文章以马为喻，谈的是人才问题，从字面上可以解作“说说千里马”或“说说千里马的问题”。

学这一课前有一个总思考题：马说，真的是在说马的问题吗？

《马说》全课的教学，由下面两种主要活动构成，每一块的内容都很丰厚。

（2）五次诵读练习

一读。请学生大声、自由地朗读课文，要求读得通顺，读音正确，教师听读。

教师朗读这篇文章，关键在于语气。

二读。教师：为了表现文中的语气，首先要读好句内的停顿，听老师读一遍。

学生学读，读出文章句内的停顿，体会文中的语气。

三读。教师：为了表现文中的语气，要读好句中的关键词语，此文中重要的关键词是十一个“不”字。

学生学读，读出十一个“不”字中表达出来的语气。

四读。教师：为了表现文中的语气，要读好句末虚词所表达的语气，也就是三个“也”所表达出来的语气：第一个“也”表达出一种惋惜的语气；第二个“也”表达出一种不平的语气；第三个“也”表达出一种气愤的语气。

学生试读。

五读。教师：为了表现文中的语气，还要读好重要段落中所表达出来的语气。课文的最后一段运用了多种语气表现作者内心的不平。

学生听读，自读。集体演读。

（3）四次积累练习

第一次，请学生进行译读积累。

①自读课文注释。

②请学生自读自讲课文内容。

③请学生互读互讲课文内容。

④教师检查。

第二次，请学生进行辨读积累。

以“课文中的两个______意思不同”为题进行说话，进行词义辨读。

学生说出的内容可能有：

①食：一食或尽粟一石　食马者

②能：虽有千里之能　鸣之而不能通其意

③策：策之不以其道　执策而临之

④尽：一食或尽粟一石　食之不能尽其材

⑤常：千里马常有　常马

⑥者：马之千里者　食马者

⑦而：而伯乐不常有　执策而临之

⑧以：不以千里称也　策之不以其道

第三次，请学生进行听记积累。

有这样几个地方要记下来：

第一个是不好懂的“奴隶人”：下等人，仆人，仆役，最底层的劳动者。

第二个是两个不好懂的“其”：“其真无马邪”“其真不知马也”。前一个“其”可以理解为“难道”，第二个“其”应理解为“那是”，或者是“大概”。

还有三个很难理解的字：“马说”的“说”，表示古代的一种文体（文章的体裁），“马说”就是“说说马的事”“谈谈马的事”“议议马的事”；“马之千里者”的“之”，在这里表示“强调的意味”，实际上这五个字的意思就是“千里马”；“不以千里称也”的“以”字，在这里作“因为”讲。

还要注意四个没有注释的词：“故虽有名马”的“虽”，是“即使”的意思；“是马也，虽有千里之能”的“是”，应作“这”讲；“且欲与常马等”中的“等”，是“相同、一样”的意思；“安求其能千里也”的“安”，是“怎么”的意思。

第四次，请学生进行背读积累。

①教师点拨：背读要讲究科学的方法。背读《马说》，从大的方面讲，

要注意课文的脉络；从小的方面讲，要注意 11 个“不”字所表现出来的各种关系。要注意，“不”字是背读全文的纲。

②学生背读课文。

③演读式的背诵。

（4）点破文章寓意

教师顺势过渡，指出《马说》构思上的特点是以喻为论，托物寄意，针砭时弊，说的是马，指的是人，点的是人才问题。

表面上是在写千里马，实际上是在写食马者的无知。

借伯乐和千里马为喻，对在位者不能识别人才，摧残、埋没人才表达了强烈的愤慨。

顺势完成板书：

反面论证——“不”{ 亮观点——遗憾、惋惜；摆现象——同情、不平；点实质——愤慨、嘲讽 }——呼唤伯乐

33.《茅屋为秋风所破歌》创新教学设计

映潮品读

《茅屋为秋风所破歌》教学资料集锦

下面是我整理过的本课教学资料。

作者

杜甫（712—770），字子美，河南巩县（今河南省巩义）人。曾居长安城南少陵，在成都被严武荐为节度参谋，检校工部员外郎。世称杜少陵、杜工部，自号少陵野老。与李白同为我国历史上最伟大的诗人，并称“李杜”。杜诗现存1400多首，它深刻地反映了唐代安史之乱前后20多年的社会全貌，生动地记载了杜甫一生的生活经历。杜诗融会众长，兼工诸体，律切精深，沉郁顿挫，达到思想内容与艺术形式的完美统一，代表了唐代诗歌的最高成就。被后代称作“诗史”。有《杜工部集》，《全唐诗》存诗十九卷。

文体

《茅屋为秋风所破歌》是“歌行体”诗。“歌行体”是古体诗的一种，从汉乐府诗歌发展而来，多为七言，形式自由，一般多叙事。这首诗叙说的就是美好季节中的痛苦故事。

背景

安史之乱后，杜甫颠沛流离，到处奔波，后来流寓成都。上元二年（公元761年）的春天，杜甫求亲告友，在成都浣花溪边盖起了一座茅屋，总算有了一个栖身之所。不料到了八月，大风破屋，大雨又接踵而至。诗人长夜难眠，感慨万千，写下了这篇脍炙人口的诗篇。诗中写的是自己的数间茅屋，表现的却是忧国忧民的情感。

茅屋

就是“草堂”。当年杜甫为逃避战乱，在朋友的帮助下选定成都西郊浣花溪畔建起一座茅屋，自诩“草堂”。当年“草堂”到底有多大，不得而知，现在人们游览的“草堂”是合并了东邻的梵安寺和西邻的梅园而成。

丧乱

指安史之乱。它是发生在公元755年至公元763年唐朝割据势力对中央集权的叛乱。因叛乱是由安禄山和史思明发动的，所以历史上称为“安史之乱”。它给人们带来了深重的灾难，是唐王朝从盛至衰的转折点。

补注

号：吼。

江郊：江边的地方。

塘坳：池塘和洼地。坳，水边低地。

忍能：忍心这样。

对面：当面。

公然：公开。

布衾：棉被。衾，被子。

恶卧：睡相不好。

踏：两脚蹬。

大庇：全部遮盖、掩护起来。

寒士：多指出身低微、贫苦的读书人。诗中的“天下寒士”，其实际含义是可以包括天下的贫苦人们。

见：同“现”，出现。

庐：房屋。

结构

起承转合：诗文写作的一般章法。“起”是开始；“承”是承接上文加以申述；“转”是转折，从正面或反面进一步叙写或论说；“合”是结尾。

第一节：起，开门见山，写秋风破屋的情景。

第二节：承，承接一笔，写茅草被抢的叹息。

第三节：转，笔锋一转，写长夜沾湿的苦痛。

第四节：合，卒章显旨，写忧国忧民的情怀。

段意

第一节：风卷草飞；第二节：群童抱茅：第三节：雨夜难眠；第四节：心盼广厦。

第一节：风之淫威，屋之惨状；第二节：群童无知的戏谑，老翁无力的叹息；第三节：生活的苦痛，精神的折磨；第四节：大声的疾呼，宽广的胸襟。

结句

古典诗词很讲究结句高妙。欣赏结句的高超艺术，是欣赏整个诗篇词章的一个重要部分。正因为诗人对结句也就是诗的高潮处，特别着力经营，因而对此就应该分外留心，用心品鉴。有的诗画龙点睛，其结句正是达意之所在，传神之所在，细味结句可得通篇之精神。有的直抒其情，一看便知。杜甫的《茅屋为秋风所破歌》，结句语直意明，为诗的主旨所在。

句解

八月秋高风怒号，卷我屋上三重茅。茅飞渡江洒江郊，高者挂罥长林梢，下者飘转沉塘坳。

第一节五句，写秋风破屋的情景。“怒号”写风势之大，“卷”“三重”写受害之重。“三重”不是确数，是“多重”的意思。下面“飞”“洒”“挂罥”“飘转”“沉”等动词细致地写出了风吹茅草的情状，表现出诗人焦灼、苦痛的心情。

南村群童欺我老无力，忍能对面为盗贼。公然抱茅入竹去，唇焦口燥呼不得，归来倚杖自叹息。

第二节五句，写群童抱走茅草和自己的心情。“群童”实指一群顽童，

他们“欺我老无力”，含有恶作剧的意味。“欺我”“忍能”“公然”等词，从自己主观感受写顽童的行动，体现了诗人对顽童抱走茅草的气愤。“唇焦口燥呼不得”描写出诗人焦急的情态和无可奈何的心情。“倚杖”显出诗人疲惫神态。“自叹息”表现诗人心境，写出诉说无门的困窘之状。

俄顷风定云墨色，秋天漠漠向昏黑。布衾多年冷似铁，娇儿恶卧踏里裂。床头屋漏无干处，雨脚如麻未断绝。自经丧乱少睡眠，长夜沾湿何由彻！

第三节八句，由风转雨，由昼入夜，由外而内，写屋破又遭连夜雨的苦况。“俄顷”二句，用浓墨渲染出阴沉黑暗的雨前景象，烘托出诗人暗淡愁惨的心境。“布衾”二句，明写布被使用多年，已变得“冷似铁”了，暗写家境艰困。“床头”二句，写大雨给诗人全家造成的灾难。“自经”二句，表明从安史之乱以来，诗人因忧国忧民，早已难以入眠，更何况“长夜沾湿”，又怎么能挨到天亮呢？诗人彻夜难眠，浮想联翩，由此时联想到丧乱以来，由风雨飘摇的茅屋联想到国家和老百姓，为下文作好铺垫。

安得广厦千万间，大庇天下寒士俱欢颜！风雨不动安如山。呜呼！何时眼前突兀见此屋，吾庐独破受冻死亦足！

第四节六句，直抒感慨，表达了诗人美好的愿望和高尚的情操。“安得广厦千万间，大庇天下寒士俱欢颜，风雨不动安如山”，前后用七字句，中间用九字句，句句蝉联而下，而表现阔大境界的词语如“广厦”“千万间”“大庇”“天下”“欢颜”“安如山”等，声音洪亮，构成了铿锵有力的节奏和奔腾前进的气势，恰切地表现了诗人从“床头屋漏无干处”“长夜沾湿何由彻”的痛苦生活体验中迸发出来的奔放的激情和火热的希望。这种奔放的激情和火热的希望，咏歌之不足，故嗟叹之，“呜呼！何时眼前突兀见此屋，吾庐独破受冻死亦足！”诗人的博大胸襟和崇高理想，至此表现得淋漓尽致。

译文

八月秋高气爽，忽然狂风怒号，卷去我屋上的层层茅草。茅草飞过江去飘洒在江边，飞得高的挂在了高高的树梢，飞得低的飘转到深深的塘坳。

南村的群童欺负我年老无力，竟忍心当面为“贼”为“盗”。公然抱着茅草走进竹林，我喊得唇焦口燥也喝止不了，我只好回来，倚着手杖，自己叹息。

不一会大风停息，乌云像墨，天色阴沉迷蒙，渐渐黑下来了。被子盖了多年冰冷似铁，娇儿睡相不好，被里也被蹬裂。床头漏雨，没有一块干燥的地方，像下垂麻线一样密集，雨脚没有停歇。自从战乱以后，我就一直忧虑少眠，长夜漫漫，屋漏床湿，怎能挨到明天！

我如何能得到千万间宽敞的大屋，让天下所有的贫寒士人都有安身之处，都有欢愉的容颜，即使风狂雨骤，屋舍也安稳如山。啊！什么时候眼前出现这高耸的房屋，即使唯独我的草房被摧垮，我受冻而死也满足哇！

映潮说课

教学创意：懂内容，清结构，品人物

开讲：介绍作家、作品等背景知识。

角度一：朗读，读懂课文内容

（1）请学生感受朗读课文三遍，一遍约 2 分钟。

学生每读一遍后，教师都进行指正。

（2）请学生听读。听教师读，教师指出应该听什么：听音准，听语速，听语气。

（3）请学生再朗读。

（4）教师补充课文注释，学生读课文注释和补充注释。

（5）学生完成对课文内容的口头翻译，教师评说、优化。

角度二：朗读，读清全诗思路

教师：这是一首既描写现实生活又表现精神世界的叙事诗，我们要用吟读来体验诗人表达的情感。建议大家这样吟诵：

第一节：咬准动词，节奏稍快，表现狂风袭人的紧张气氛，仿佛身临其境。

第二节：读的时候要有缓有急，表现出诗人焦急的情态和无可奈何的心情。特别要读好“叹息”一词。

第三节：读出层次，要一层一层深入地表现诗人的暗淡心情和沉重愁虑。

第四节：声音洪亮，读出铿锵有力的节奏和奔腾前进的气势，读出奔放的激情和火热的希望。

学生进行朗读实践，边读边品味，教师指导、指正。

教师：我们再来多角度理解文章思路。

可从“概说段意”的角度来理解全诗的思路。

可从“作者心情”的角度来理解全诗的思路。

可从“文章结构”的角度来理解全诗的思路。

请每个学生任选一个角度，表述自己的分析。

师生交流。教师小结：

第一节：风吹屋破，茅草散失。
第二节：群童抢茅，呼唤不得。
第三节：娇儿受冻，夜雨侵迫。
第四节：思得广厦，大庇寒士。

或：

第一节：写诗人焦急的心态。
第二节：写诗人气愤的心情。
第三节：写诗人凄苦的心境。
第四节：写诗人高尚的心灵。

或：

第一节：起，这是开门见山的开头。
第二节：承，这是事件承接的发展。
第三节：转，这是景情交融的描述。

第四节：合，这是卒章显旨的结尾。

角度三：朗读，品评人物形象

教师：这首诗叙说的是一个故事，一个表现穷困和痛苦的故事，一个表现穷困诗人的高尚情怀的故事。这首诗是关于作者情怀的故事。

请学生朗读课文，深情背诵课文。

请学生根据课文内容，分析、品评人物形象——根据课文来说话，诗人是一个什么样的人。

学生品析，交流。教师小结：

我们用反复朗读、品读的方式学习了这篇课文，不仅理解了课文的基本内容，更重要的是通过课文内容我们感受到了诗人有血有肉的形象。

在卷草破屋的狂风面前，他是一个无可奈何、心情愁苦的人。

在公然抱茅的顽童面前，他是一个万般无助、内心痛苦的人。

在床头无干的漏屋面前，他是一个寒湿交迫、心中悲苦的人。

在忧国忧民的思虑面前，他是一个胸怀博大、激情奔放、希望崇高的人。

教师：让我们再一次沉浸在课文的情感氛围之中进行背读。

然后收束教学。

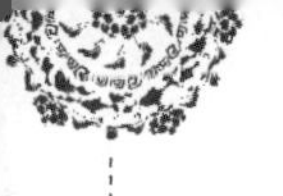

34.《三峡》创新教学设计

映潮品读

《三峡》美点寻踪

《三峡》美在那宏观勾勒的一笔。全文仅150余字，可谓精致小巧，然而作者竟在这极短的篇幅之内，用高超的具有音乐美感的语言，浓缩了万千气象，展现了无限风光，颇有“尺幅千里”的意味。文章的第一段只有33个字，却是全景式的宏观勾勒，可谓笔力雄健、内容雄奇，写得异常的美。就那么一笔，总写了磅礴的山势，勾勒出七百里三峡的雄险，描写了群峰连绵、隔江对峙、山高峡长的壮丽。就那么一笔，视点变化多姿，“三峡七百里”写三峡之长，似乎只有俯视才可能尽收眼底；“两岸连山，略无阙处”写群山的高峻，是纵向的极目远望；“重岩叠嶂，隐天蔽日”写峡谷的幽深，分明有从下向上仰望的感觉。就那么一笔，表达手法也令人称奇，除了大笔勾勒，进行正面描写之外，还巧妙地进行了侧面烘托，“自非亭午夜分，不见曦月”——抬头看天，不到“亭午夜分”，连世界上最有光彩的物体都难以看到，这山是多么地高哇，这峡是多么地深哪。

《三峡》美在那层层铺展的手法。如果说上面所说的那雄奇的一笔还有一个表达作用的话，那就是为下一段写水势埋下了伏笔——险峻的山峡造就了江水的湍急。从内容来看，第二段写的是夏季的江水，从写法来看，作者运用了层层铺展的手法将水美美地写了一番。第一层，用“沿溯阻绝”写出水涨路绝的壮观景象；第二层，用一个“朝发白帝，暮到江陵”的特例来极写水速之快；然而这些还不够，再来一笔，用假设“乘奔御风”来与飞快的水速进行比较，从侧面再次进行有力的衬托。在这几笔之中，写得最美的就是“朝发白帝，暮到江陵”那几句，它不仅仅只是从时间之短、距离之长写了水之流速，它可让我们想象三峡江流的汹涌向前、奔腾咆哮，它可让我们感受到坐在小小木船上飞流直下、一泻千里、荡魂摄魄的快感，它还让我们联想到李白那极具美感的《早发白帝城》，是不是对此的创造性改写呢？

《三峡》美在那错落有致的点染。第三段写的是春冬江景，此时时令不同，水退潭清，山水秀美，与夏日相比又是一番景象。这一段好像是用取景框选取的极美丽的一角，然后用神工妙笔生动地描画，精心地点染。作者用这种特写式的精心描绘来“以点带面”，来表现三峡与江流的处处美景。这美丽的一角是立体的、错落有致的。低有深潭，然而写深潭还嫌单调，还要写潭中的倒影；高有绝巘，然而写绝巘还觉单一，还要写巘上的怪柏；再添几道“悬泉瀑布”，让它们“飞漱其间”，又是壮美的一景。这美丽的一角又是色调润泽的、动静有致的。你看“素湍绿潭”，雪白的是急流，碧绿的是深潭；你再看“回清倒影”，回旋的是粼粼的清波，晃动的是模糊的物影；更不用说那跌宕多姿、水花飞溅的“悬泉瀑布”了，它们甚至让我们听到了那哗哗的水声，甚至让我们感觉到了随风飘洒到我们脸颊上细微的飞沫。在这水清、树荣、山峻、草茂的地方，在这生机盎然的山水之间，谁说不是“良多趣味”呢？

《三峡》美在那一声悠长的渔歌。第四段写得特别有情调，特别有意境，它写的是秋景的凄凉。从全文来讲，作者在写了夏、春、冬之后必定要描写秋景，而写秋景必定要注意精选不同的角度。于是，在写了高山深峡、急流碧水之后，作者调动笔锋为寒林高猿敷设上一笔；在写了雄壮、险峻、秀美之后着力地表现肃杀；在写了形、写了色之后并没有忽略写声。到此作者已多角度、全方位地把三峡的神奇美丽表现在我们面前，不论从哪一个角度讲，这一段中的描写均是妙笔，都能让人进行回味悠长的咀嚼。然而更妙的、更美的就是那一声渔歌，就是那一句似乎顺手拈来同时又是巧妙点缀的渔者之歌。本来，“林寒涧肃”已经是够凄清的了，“空谷传响”的“高猿长啸”已经够凄异了，啼声的“哀转久绝”已经能够让闻者倍感寒意了，然而一句“巴东三峡巫峡长，猿鸣三声泪沾裳”顿然将这凄寒之境进行升华，它唱出了哀婉的猿声中旅人的悲凉心境，更加烘托出秋景的凄凉，给人余音缭绕之感。这时的描写，就达到了情景交融的境界。如果说在此之前所写的是风景的话，到这里已经表现出风情；如果说在此之前是写景的话，到这里已带有写意之味。

在尽写了山光水色之后将笔触转向“猿”与“人”，从而深化文章意境，这就是作者的妙笔所在。

映潮说课

教学创意：以朗读为线索，以品析为主要学习活动，以三峡图画欣赏为过渡手法

教学活动一：朗读，理解

（1）导入。今天我们学习1500多年前的一篇描摹三峡的文言美文。学习的主要任务是根据课文内容感受、欣赏三峡之美。简介作者，简介《水经注》。

（2）学生自由朗读课文。朗读要求是读得顺畅。

（3）自由诵读，进入课文。学生读课文，读注释。

（4）请学生朗读课文注释，并注意如下字词的读音与词义。

略：大略，几乎。

阙：同“缺”（豁口，空隙）。

嶂（zhàng）：高耸险峻如屏障的山峰。

曦：日光，此指太阳。

湍（tuān）：急流的水。

潭：积聚的深水。

绝：极、非常。

巘（yǎn）：险峻的山崖或山峰。

漱：冲洗，冲刷。

峻（jùn），高而陡峭。

涧：此指峡谷。（《古汉语字典》：夹在两山间的水沟。）

属（zhǔ）引：连续不断。

沾：浸湿。

（5）学生互相译说课文，教师点出若干最难的词句请学生反复理解。如：

自非亭午夜分　　夏水襄陵，沿溯阻绝　　不以疾也

素湍绿潭，回清倒影　　属引凄异　　空谷传响，哀转久绝

（6）过渡：欣赏三峡以“山”为主的雄奇的画面，教师配以精美的解说语。

教学活动二：朗读，欣赏

（1）进行朗读训练。朗读的要求是读好停连。

（2）教师示范朗读：

自 / 三峡 / 七百里中，两岸 / 连山，略无 / 阙处。重岩 / 叠嶂，隐天 / 蔽日。自非 / 亭午夜分，不见 / 曦月。

至于 / 夏水襄陵，沿 / 溯 / 阻绝。或 / 王命急宣，有时 / 朝发白帝，暮到 / 江陵，其间 / 千二百里，虽 / 乘奔御风，不以 / 疾也。

春冬 / 之时，则 / 素湍绿潭，回清 / 倒影。绝巘 / 多生怪柏，悬泉 / 瀑布，飞漱 / 其间。清 / 荣 / 峻 / 茂，良多 / 趣味。

每至 / 晴初霜旦，林寒 / 涧肃，常有 / 高猿长啸，属引 / 凄异，空谷 / 传响，哀转 / 久绝。故 / 渔者歌曰：“巴东三峡 / 巫峡长，猿鸣三声 / 泪沾裳。”

（3）学生学读。

（4）学生欣赏课文内容——口头描述《三峡》中的画面。

（5）学生自选内容，描述三峡的画面之美。如：

三峡的山美，七百里三峡，两岸都是连绵的高山，几乎没有中断的地方。重重的悬崖，层层的峭壁，遮蔽了天空，挡住了阳光。

三峡的水美，水以夏季为盛，夏季水涨，淹了山陵，上行和下航的船只都被阻绝。水流湍急，有时皇帝的命令要急速传达，才会有航船，这时候只要清早坐船从白帝城出发，傍晚便可到江陵，即使骑着骏马，驾着疾风，也不如它快。

三峡的急流美，春冬之时，白色的急流回映着清光，绿色的水潭倒映着景物的影子。急流上波光粼粼，深潭里景物重重，动静相杂，色彩各异，相映成趣，堪称秀丽隽逸。

三峡的瀑布美，在极高的山峰之间，常有悬泉瀑布飞流冲荡，让我们仿佛听到了那哗哗的水声，感觉到了随风飘洒到我们脸颊上细微的飞沫。

三峡的树美，在极高的山峰上，生长着许多奇形怪状的柏树，它显示着旺盛的生命力和坚强的意志，给山水之间投进了一股生命的活力，使人顿觉生意盎然。

三峡的猿声美，高处的猿猴拉长声音鸣叫，声音连续不断，非常凄凉怪异。空旷的山谷传来猿啼的回声，悲凉婉转，很久很久才消失。

三峡的渔歌美，渔人在歌唱："巴东三峡巫峡长，猿鸣三声泪沾裳"，这歌声唱出了哀婉的猿声中旅人的悲凉心境，更加烘托出秋景的凄凉。

（余映潮主编：《创新实用教案》）

（6）课中交流。（交流中允许学生说短句，鼓励多个学生描述一个画面）

（7）教师评说。

（8）过渡：欣赏三峡以"水"为主的秀美的画面，教师配以精美的解说语。

教学活动三：朗读，背诵

（1）组织演读活动。朗读的要求是读出情感。

（2）学生背读、记诵课文。背读之前讨论一个问题：请你给大家提出建议，建议大家这样背读。如画面展现式背读：

两岸连山，略无阙处。
重岩叠嶂，隐天蔽日。
夏水襄陵，沿溯阻绝。
朝发白帝，暮到江陵。
素湍绿潭，回清倒影。
悬泉瀑布，飞漱其间。
晴初霜旦，林寒涧肃。
高猿长啸，属引凄异。
空谷传响，哀转久绝。

（3）教师小结大家的建议，组织背读。

（4）过渡：欣赏"有山有水"的俊秀画面，教师配以精美的解说语。

（5）教师进行学习小结，收束教学。

35.《水调歌头》创新教学设计

映潮品读

《水调歌头》中的情感波澜

苏轼的《水调歌头》是中秋咏月怀念亲人的抒情之作，向来脍炙人口。这首词句句扣住“月”来写，情感多次起伏变化，在抑扬之间反复转换，情味厚重，真切感人。

我们先来概说这首词中的情感波澜：

上阕写月下饮酒，把酒问青天，抒发奇想；幻想乘风归去月宫，期望超脱尘世；然而觉得“高处不胜寒”，还是人间好。

下阕写对月怀人，深情问明月，感念人生；月光之下伤感离别，质问月缺月圆；转而祝愿“千里共婵娟”，但愿人长久。

全词由人间写到天上，由望月写到远方，由惆怅写到祝愿，由矛盾的心理写到乐观的情怀，情感起伏，情味丰富。

再细细品味这首词中的情感波澜：

本词作于 1076 年中秋节。当时苏轼 41 岁，任密州太守，政治上不很得意，与其弟子由也已六七年不见，心情不欢。所以中秋“欢饮达旦，大醉，作此篇，兼怀子由”，思念之情自然流露于笔端。

词的上阕，作者于醉中陡然发问：从何时开始，有这普照人间的明月？不知天上的神仙宫阙，现在已是什么样的年代？表达出美好天上的惊叹、赞美之情，接着顺势抒发“我欲乘风归去”的奇想，由月生情，表现对超脱出世的向往，企盼离开人间，飘然仙去。可紧接着又说“又恐琼楼玉宇，高处不胜寒”，笔势一转，由扬而抑，并以事实“起舞弄清影，何似在人间”来证明：月下起舞，清影随人，让人陶醉；这里没有天上的高寒，却有人间的温暖。于是飞天探月的出尘之思，让位于对人间生活的热爱。在从“我欲”到“又恐”至“何似”的描述中，展现了作者情感的波澜起伏，可谓行文曲折，跌宕有致。

词的下阕，从天外转向人间，从室内视角来望月，“转”“低”“照”细腻地描绘出月光移动的动态；月光映照着长夜不眠之人，暗写了思亲，点出了作者内心的伤感。这是一种情味。接着抒写内心的愤懑，月亮莫不是与人们有什么怨恨吧，为什么偏偏在人离别之时又亮又圆？这是埋怨明月故意与人为难，其实是写亲人不能团聚的惆怅。这又是一种情味。

紧接着，作者一笔宕开，自我宽解，点示“人有悲欢离合，月有阴晴圆缺，此事古难全”的哲理。这是第三种情味。最后，作者水到渠成地高声吟唱“但愿人长久，千里共婵娟”，以豪迈豁达的心情表达了对弟弟的祝愿。这是下阕中的第四种情味。这正如人们所评价的：词人以大手笔、大字眼，写大境界，在结构上大开大阖，在情绪上大起大落，以美好境界结束全词，表现出作者洒脱旷达的情怀。

映潮说课

教学创意：四个知识点的教学

《水调歌头·明月几时有》是经典的诗词，教师可以用一个课时进行教学，突出本词的重要知识点。上课即进入课文知识点的教学。

知识点一：作品知识

课始，教师出示：

(1) 苏轼（1037—1101），字子瞻，号东坡居士，四川眉山人，北宋杰出文学家、书画家，与父亲苏洵、弟弟苏辙并称“三苏”。唐宋八大家之一。

(2) 水调歌头：词牌名。整首词95个字。长调。

(3) 阕：曲终叫作“阕”。大多数词分为前后两“阕”，也叫上阕、下阕或上片、下片。

(4) 作于宋神宗熙宁九年（1076）即丙辰年的中秋。苏轼因为政治上和王安石不合，失意，就自请外任密州（现山东诸城）。弟弟苏辙当时齐州（今山东济南）在任，兄弟之间已有六七年未见。中秋之夜，作者望月思亲，醉后抒情，赋词放歌，遂有此作。

(5)“咏月怀人”之作，苏轼的“密州词”是“中秋词”里最为脍炙人口的作品。

(6) 补充注释。

把酒：拿着酒杯。

青天：也称青冥，指蓝色的天空。

今夕是何年：古代神话传说，天上只三日，世间已千年，所以作者有此一问。

乘：驾。

弄：戏耍，游戏，欣赏。

恨：怨和恨，遗憾。

长向：长，经常；向，在。

教师讲解，学生朗读、笔记。

知识点二：朗读要领

水调歌头

/ 苏轼 /

丙辰中秋，欢饮达旦，大醉，作此篇，兼怀子由。

明月几时有？把酒问青天。不知天上宫阙，今夕是何年。我欲乘风归去，又恐琼楼玉宇，高处不胜寒，起舞弄清影，何似在人间。

转朱阁，低绮户，照无眠。不应有恨，何事长向别时圆。人有悲欢离合，月有阴晴圆缺，此事古难全。但愿人长久，千里共婵娟。

教师指导并范读，学生练习：

一读，读准字音，读得顺畅。

二读，注意处理好全词的二三节奏，二四节奏。

三读，注意读好二三节奏中“三”里面的短暂停顿，如“今夕是何年”读为“今夕 / 是何 / 年”，“千里共婵娟”读为“千里 / 共 / 婵 / 娟”。

四读，为了抒情的需要，最后一句“但愿人长久，千里共婵娟”可读两次；前响后轻，语重情长。

五读，深情背诵全文。

知识点三：佳句选读

出示课文佳句、难句，学生根据课文注释及补充注释一一解说、理解。

（1）丙辰中秋，欢饮达旦，大醉，作此篇，兼怀子由。（丙辰年的中秋节，高兴地饮酒到第二天清晨，大醉，写了这首词，同时怀念子由。）

（2）我欲乘风归去，又恐琼楼玉宇，高处不胜寒。（我想乘着清风归返月宫，又恐怕琼楼玉宇是那样的高远，有着我经受不了的凄寒。）

（3）起舞弄清影，何似在人间。（我翩翩起舞，玩赏着月下清影，返归月宫哪里比得上在人间。）

（4）人有悲欢离合，月有阴晴圆缺，此事古难全。（人有悲欢离合的变迁，月有阴晴圆缺的转换，这种事自古以来难以周全。）

（5）但愿人长久，千里共婵娟。（只希望长久地两相平安，相隔千里，共享这美丽的月色。）

教师顺势出示全文译文：

明月什么时候才有？手持酒杯询问青天。不知天上宫殿，今夜是哪一年。我想乘着清风归返，又恐怕在月宫的琼楼玉宇中，受不住高天的风寒。起舞翩翩玩赏着月下清影，返归月宫怎比得上在人间！转过朱红的楼阁，月光低洒在绮窗前，照着床上人惆怅无眠。明月不应该有什么怨恨，却为何总在亲人离别的时候才圆？人有悲欢离合的变迁，月有阴晴圆缺的转换，这种事自古以来难以周全。但愿离人能够长久康健，远隔千里共享这美好明丽月色。

师生一齐朗读。

知识点四：全词赏析

教师点示：对于《水调歌头·明月几时有》，我们可以从精巧而实用的角度进行品析，那就是——品味本诗中的“有”。

教师示例：词人醉酒骋思、情思浪漫。词中有“我欲乘风归去”的痴想……

学生自读、思考、批注、发言，师生对话。

教师小结：

词中有“把酒问青天”的醉问，

有“我欲乘风归去”的飞天之梦，

有“何似在人间”的感喟，

有“此事古难全”的哲思，

有“但愿人长久”的深情祝愿，

有抑扬之间的情感起伏变化，

有一个引发情思的“月”字——绘“月”成景，由“月”生情，以“月”明理，托“月”寄意，意味隽永，情味厚重。

教师继续出示：

这首词通篇咏月，却处处关合人与事。上片借明月自喻孤高，下片用圆月衬托别情。它构思奇特，意境深远，韵味深长，极富浪漫主义色彩，是苏词的代表作之一。

学生朗读、笔记。教师收束教学。

36.《小石潭记》创新教学设计

映潮品读

从课文标题说开去

柳宗元的《小石潭记》是一篇秀美的游记，文中之景很秀美，文章的结构布局也很秀美。

作者在文中写水声，写小潭，写岩石，写树木，写潭水，写游鱼，展现出一幅幅绘形绘色的微型风景画；同时借景抒情，表达了作者被贬谪永州之后寂寞凄凉的心情。

学习这篇文章，先要反复地朗读，在朗读中感受课文内容，感受文章顺序，感受文中景物，感受词义句意。在此基础上，再来品析与欣赏。

对《小石潭记》进行品析与欣赏，有一个非常优美的角度，就是“扣住文题来说话”，从课文标题说开去。

课题“小石潭记”四个字，字字在课文中都有“文章”，我们可以分别从“小”的角度、从“石”的角度、从“潭”的角度、从“记”的角度来“说话”。

(1) 让我们来对《小石潭记》说品析与欣赏的话，话中要带有“小”字。如：

课文第一段移步换景，写小石潭的发现，写小石潭的形状特征与潭岸的景致。

第二段定点特写，描写潭中小鱼和清清的潭水。

第三段由近及远，描绘了小溪的曲折，给我们留下了想象的余地。

第四段环视四周，写小石潭环境的幽深寂静和作者心境的孤寂悲凉。

“坻”“屿”“嵁”“岩”以大喻小，表现了作者丰富的想象。

“下见小潭，水尤清冽”，给人一种清凉之感。

潭中小鱼“影布石上”，可见潭水清澈透明。

小溪水声清脆，水色清亮，“明灭可见”，消失在远方。

文中景物就像小小的盆景那样玲珑雅致，充满了诗情画意。

(2) 让我们来对《小石潭记》说品析与欣赏的话，话中要带有“石”字。如：

小石潭的奇妙之处在于“全石以为底”“卷石底以出”。

“为坻”“为屿”“为嵁”“为岩”写出了潭边奇石的千姿百态。

“全石”“卷石”等是明写石，“闻水声，如鸣珮环”“其岸势犬牙差互”是暗写“石”。

“如鸣珮环”写出了水击石声的清越。

“青树翠蔓，蒙络摇缀，参差披拂”写出了翠蔓附石而成的优美形态。

“影布石上”借散布在石上的鱼影表现水的清澈透明。

“凄神寒骨”不尽是石的冰凉，还有坐在石上的清冷，含蓄地表达了作者忧伤、悲凉的心境。

(3) 让我们来对《小石潭记》说品析与欣赏的话，话中要带有“潭”字。如：

课文分层描写了潭石、潭水、潭岸青树、潭中游鱼和潭外小溪，并以水、石、鱼为重点描写对象表现了小石潭及其周围清幽秀丽的风景。

流水声“如鸣珮环”，潭边有“青树翠蔓”，这是有声有色。

潭石是静静的，青树翠蔓是蒙络摇缀的，是参差披拂的，这是有动有静。

作者借鱼写水，写了清澈的潭水而全然不言及清澈的水，这是有实有虚。

“潭中鱼可百许头，日光下澈，影布石上”，一幅空灵的镜头，这是有光有影。

写了潭水后又“潭西南而望”，写小溪的“不可知其源”，这是有近有远。

潭上“竹树环合，寂寥无人，凄神寒骨，悄怆幽邃”从外界写到内心，表达了作者贬谪后的孤寂凄清的失意心情，可谓触景生情，有景有情。

(4) 让我们来对《小石潭记》说品析与欣赏的话，话中要带有“记”字。如：

这是一篇游记。这是一篇记游的文章。

文中有记事，有描写，有抒情，文笔精到，用语清雅，充满了诗情画意。

作者记事写景文笔精美，处处是景，一笔一景，景物清新，情景交融。

文中最后一段交代了同游的人，以示纪念，并使全篇游记完整。

文章结尾的记叙中写到仅有亲友数人跟随消遣于山水之间，这是何等清冷，何等寂寞！世态炎凉之感，自在言外。

映潮说课

教学创意：文言文课文的“四读”活动

（1）教学内容。

①学习课文语言，背读课文。

②赏析课文，学用赏析性语言。

（2）课型与课时。

文言文赏析课，课时一节。

（3）教材处理。

单篇课文的整体阅读教学。

（4）预习要求。

①读课文，读注释，读准字音。

②查现代汉语词典，找一批以“清”字开头的形容词，如“清静”“清凉”“清澈”之类，看哪些词能用来分析课文内容，哪些词能够用来品析作者的写作技巧。

（5）独特创意。

抓住《小石潭记》中的“清”——运用一组以“清”字领起的近义词来品读课文。

（6）教学过程。

活动一：初读课文（8分钟）

①导入：柳宗元的《小石潭记》是至今传诵不衰的山水游记散文，曾

令多少人击节赞赏，这篇不足200个字的短文，的确是匠心独运的艺术珍品，今天就让我们来美读这篇课文。

②请学生朗读课文，教师听音。

③教师强调以下加点字的读音：

篁竹　清洌　为坻　为嵁　参差　佁然　俶尔　翕忽　差互　寂寥　悄怆幽邃

④学生听读课文，跟读课文，注意读准字音。

⑤再读课文，自己大声朗读，注意读得流利。

活动二：理读课文（10分钟）

①学生读课文注释。

②请学生就字词进行质疑问难。

③强调、落实如下内容：

[字形]

篁竹　珮环　清洌　坻　屿　嵁　翠蔓　参差

佁然　俶尔　寂寥　悄怆幽邃

[一词多义]

从：a. 从小丘西行百二十步（由，自）；b. 隶而从者，崔氏二小生（跟随）。

清：a. 水尤清洌（清凉）；b. 以其境过清（清静，冷清）。

可：a. 潭中鱼可百许头（大约，约莫）；b. 明灭可见（可以，能够）；c. 不可知其源（可以）。

差：a. 参差披拂（长短不一）；b. 其岸势犬牙差互（交错）。

[四字美词]

如鸣珮环　伐竹取道　青树翠蔓　蒙络摇缀　参差披拂　日光下澈

影布石上　往来翕忽　斗折蛇行　明灭可见　犬牙差互　竹树环合

寂寥无人　凄神寒骨　悄怆幽邃

[写景妙笔]

潭中鱼可百许头，皆若空游无所依，日光下澈，影布石上。佁然不动，俶尔远逝，往来翕忽，似与游者相乐。

活动三：背读课文（10 分钟）

①再读课文，每读一段，就请一个学生说说这一段写的是什么。

教师点评如下：

第一段：小小的石潭，奇丽的景色。

第二段：清澈的潭水，快乐的游鱼。

第三段：蜿蜒的小溪，参差的石岸。

第四段：凄清的景物，孤寂的感受。

第五段：同游的朋友，跟随的小生。

②请学生根据课后练习一的三个提问（课文是按照什么顺序来写的？抓住了小石潭的哪些特点？作者对小石潭的整体感受是什么？）来有序地进行背诵。

活动四：品读课文（15 分钟）

下面有两种方案，可取其中一种方案进行教学。

方案一：趣味欣赏

①教师提问，引出“清”字。

②请学生找出能够用来分析课文的以“清”字领起的词：

清新　清凉　清秀　清越　清澄　清脆　清亮　清澈　清幽　清冷　清寒　清寂　清静　清朗　清冽　清凄　清丽　清新　清晰　清纯　清雅

③学生自由发言，用带“清”字的形容词品析课文内容和作者的写作技巧。(用“清”说话。)

④教师归纳总结，朗读下面的品析短文，学生听记：

“闻水声，如鸣珮环”，水声叮咚，清越动人。

“下见小潭，水尤清冽”，“尤”有清凉之感。

“青树翠蔓，蒙络摇缀，参差披拂”，景物多么的清秀。

鱼儿“往来翕忽”，嬉戏在清澄的水中。

“影布石上”，可见潭水冰清玉洁，清澈透明。

小溪水声清脆，水色清亮，“明灭可见”，消失在远方。

“坐潭上，凄神寒骨”，不尽是寒气刺骨，还有坐在石上的清冷。

“其境过清”，环境是太清静了，太清幽了，作者更感到心境的清凄。

文章段落小巧，布局匀称，移步换景，文面清丽。

多用四字短句，节奏和谐，读音清朗。

全文就像一幅青绿山水之画，画面清纯。

一处一景，一笔一景，有时甚至是一词一景，景物幽美清新。

有记事，有描写，有抒情，文笔精到，用语清雅，充满了诗情画意。

⑤学生演读。

⑥教师进行课堂教学小结。

方案二：美段欣赏

教师组织学生欣赏课文第二段：

潭中鱼可百许头，皆若空游无所依，日光下澈，影布石上。佁然不动，俶尔远逝，往来翕忽，似与游者相乐。

话题：课文美段自由欣赏。

师生交流的内容可能有：

这一段美在文中景物有动有静。游鱼忽儿“佁然不动”，忽儿“俶尔远逝”，动静交错，镜头清晰，充满了诗情画意。

美在潭中游鱼的小景细描，虚实相生，“皆若空游无所依”“日光下澈，影布石上”实写鱼游，虚写水清，以实衬虚，描画清丽。

美在创造，好在新颖，写出了作者在那一瞬间的真实感受，写出了一种很是洁净的境界：既写了鱼儿自由生活的就像水晶宫一样的奇丽环境，又写了水质的清莹和水色的清亮。

美在这就是“一笔双写”的生动笔法，它言此意彼，虚实相生，语言凝练，令人回味，它比直接描写某物更能表现优美的意境。

…………

37.《行路难》（其一）创新教学设计

映潮品读

《行路难》（其一）中有什么

行路难（其一）

/ 李白 /

金樽清酒斗十千，玉盘珍羞直万钱。
停杯投箸不能食，拔剑四顾心茫然。
欲渡黄河冰塞川，将登太行雪满山。
闲来垂钓碧溪上，忽复乘舟梦日边。
行路难，行路难，多歧路，今安在？
长风破浪会有时，直挂云帆济沧海。

《行路难》（其一）中有什么？

（1）有“作家作品”知识。

行路难：乐府歌之一。乐府诗：汉代由“乐府”搜集的配乐的歌诗，就叫乐府诗。“行路难”是乐府古题，多咏叹世路艰难及贫困孤苦的处境。李白《行路难》三首主要抒发了怀才不遇的情怀。第一首表现诗人在悲愤中不乏豪迈气概，在失意中仍然怀有希望。

（2）有“字词”知识。

金樽（zūn）：金酒杯。

斗（dǒu）十千：一斗酒值十千钱。

玉盘：玉制的盘子。

珍羞：精美的食品。羞，同“馐”。

直：同“值”，价值。

箸（zhù）：筷子。

太行（háng）：山名，位于山西河北交界处。

歧路：岔路。

长风破浪会有时：比喻远大抱负得以实现。

云帆：高高的帆。

济：渡。

沧海：大海。

（3）有“修辞”知识。

欲渡黄河冰塞川，将登太行雪满山。

诗人用冰塞黄河、雪拥太行来比喻、象征人生路上的险阻，以形象化的语言，写出了仕途的艰难，寓含着无限的悲慨。

（4）有“典故”知识。

闲来垂钓碧溪上，忽复乘舟梦日边。

垂钓碧溪：据《史记·齐太公世家》载，吕尚（姜太公）曾在渭水边垂钓，后来遇到周文王，被重用。乘舟梦日边：传说伊尹在受商汤重用前，曾梦见自己乘船经过太阳旁边。

“闲来垂钓”二句似是写实，实则是借吕尚和伊尹的传说抒写诗人自己的怀抱。诗的结尾也是用了这种手法。少年宗悫这句言志的壮语，被李白引来，加以点化翻新，便呈现出一幅海阔天空、云帆万里的壮丽图景；铸造出一个雄姿英发、勇往直前的壮士形象。

这就是运用典故的手法。典故，是诗文等所引用的古书中的故事或词句。有人这样说：凡见诸古籍而为后人袭用的，统称为典故。用典，就是使用典故，就是用特指的古事或古语以表达较多的今义，就是引古说今。

（5）有“结构分析”知识。

《行路难》（其一）的层次与大意：《行路难》（其一）前四句写面对美酒佳肴，“停杯投箸不能食”的苦闷心情。五、六两句揭示自己虽然竭尽全力寻找出路，但阻碍重重，好像到处被冰雪隔绝。七、八两句引用典故，表示自己仍期望能像吕尚、伊尹那样受到君王的重用。接下来四个短句，抒发了自己在寻求人生道路上的迷惘而急切的心情。最后两句表达作者冲破一切艰难险阻，实现远大抱负的信心。

（6）有“映衬”知识。

金樽清酒斗十千，玉盘珍羞直万钱。
停杯投箸不能食，拔剑四顾心茫然。

“金樽”“玉盘”，写器皿贵重；“清酒”“珍羞’，写酒馔佳美；“斗十千”“直万钱”，极言饮宴的丰盛、奢华。但丰盛的酒馔，消解不了失意人的苦闷。三、四句急转直下，忽说“停杯投箸不能食，拔剑四顾心茫然”，这样强烈的反差，衬出诗人内心的悲苦。夸饰饮宴的豪华，意在从反面起兴，烘托诗人内心的茫然。

（7）有“波澜”知识。

诗的构思紧紧围绕主观和客观、理想和现实剧烈的矛盾冲突而展开，时而热烈，时而沉郁，时而绝望，时而高昂，跌宕起伏，感人至深。诗的开头写“金樽美酒”“玉盘珍羞”，这是一个欢乐的宴会场面，但接着写“停杯投箸”“拔剑四顾”，又展现了诗人内心感情的波涛。中间四句，既感叹“冰塞川”“雪满山”的艰难，又恍然神游于千载之外，企盼有朝一日得到重用。“行路难”四句，表现了进退两难和继续追求的心理。最后两句，用“长风破浪会有时”忽开异境，坚信美好前景终会到来，可以激流勇进，“直挂云帆济沧海”。

（8）有“虚实”知识。

冰塞黄河，雪满太行，垂钓碧溪以及直挂云帆破浪济海等，看似实境，却均由心中抽象的情感和意念而来，是虚境的自然表现。实境与虚境相互依存，你中有我，我中有你，共同构成无比美好的诗歌世界。

（9）有“警句”知识。

长风破浪会有时，直挂云帆济沧海。

警句，就是语言精练、寓意深刻的语句。

作品中的警句，往往用精炼的语言表达出深刻的思想，常常能超越时代、地区的局限而给人以极大的启发和教益。

（10）有“诗眼”知识。

诗眼指作品中点睛传神之笔。它有两种表现形式。一种是诗词句中最精炼传神的某个字，以一字为工。一种是全篇最精彩和关键性的诗词句子，是一篇诗词的主旨所在。由于有了这个字词或句子，而使形象鲜活，神情飞动，意味深长，引人深思，富于艺术魅力，被称为一篇诗词的眼睛。本诗的诗眼就是“长风破浪会有时，直挂云帆济沧海”。

（11）有“线索”知识。

有人进行了这样的分析与阐释：美酒佳肴的铺陈，黄河太行的设想，行路艰难的感叹，或实写或比兴，都是侧重客观现实方面的，这是第一条线索。停杯拔剑的苦闷，吕尚伊尹的比况，云帆沧海的憧憬，或直言或用典，都是表现主观理想方面的，这是第二条线索。

映潮说课

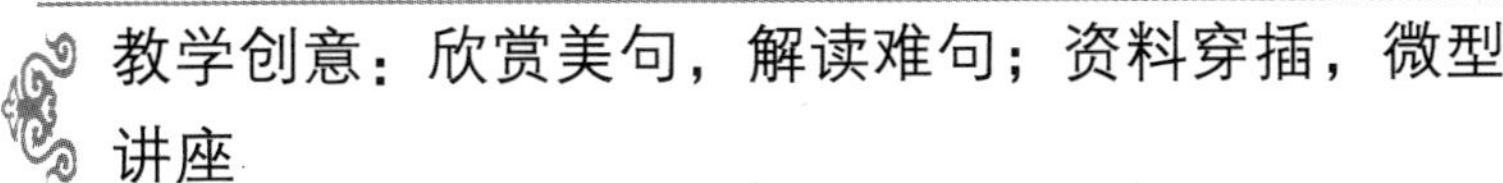

教学创意：欣赏美句，解读难句；资料穿插，微型讲座

教学铺垫

唐玄宗天宝年间，李白受命入长安。但他只能写点清词丽句，点缀歌舞，粉饰太平，没有得到施展政治抱负的机会。他傲岸不羁的性格，又为权贵所不容，很快就被赐金放还。这首《行路难》可能作于天宝三年（公元 744 年），表达了他抱着热切的希望而来，又被现实的冷水浇透而不甘放弃的心理。

“行路难”是乐府古题，“乐府”，指的是能够配乐的歌诗。乐府诗是一种古体诗。李白的《行路难》共三首，它们主要抒发了作者怀才不遇的情怀。本课是第一首。

朗读诗歌，读课文注释，根据课下注释自读自讲诗句的意思。

活动一：朗读，感受诗中美句

（1）朗读课文：读准，读顺，用四三节奏朗读本诗，表达作者情感。

（2）边读边解说词义。

（3）主问题：说说你感受到的文中的美句。

学生会说到诗中的不少句子，教师引导学生重点品析“长风破浪会有时，直挂云帆济沧海”：

诗人坚信尽管前路障碍重重，但仍将会有一天要像刘宋时宗悫所说的那样，乘长风破万里浪，挂上云帆，横渡沧海，到达理想的彼岸。

这两句诗意境开阔，气势磅礴，让人们强烈地感受到诗人的倔强、自信，以及执着地追求理想的强大精神力量。

诗的结尾，作者在沉郁中振起，坚定了“长风破浪”的信心，重新鼓起沧海扬帆的勇气。

最后两句表达作者决心冲破一切艰难险阻，实现远大抱负的信心。全诗感情跌宕起伏，感人至深。

诗人以对前途和理想的有力展望和乐观信念铸成这一千古雄句，激荡千秋志士之心。

（4）教师穿插课中微型讲座：锤炼警句，诗文生辉。

作品的好坏，不在警句的有无；但闪闪发光的警句，确能使作品增色生辉；而言简意深的警句，尤能给人以无穷的回味和启示。

《行路难》（其一）：一首用警句来抒情的诗——长风破浪会有时，直挂云帆济沧海。

又如：

己亥杂诗（其五）

/ 龚自珍 /

浩荡离愁白日斜，
吟鞭东指即天涯。
落红不是无情物，
化作春泥更护花。

这首小诗将政治抱负和个人志向融为一体，将抒情和议论有机结合，形象地表达了诗人复杂的情感。“落红不是无情物，化作春泥更护花”就是诗中的美句、警句。

撷取警句也是一种学习方法。警句，以美妙的诗意唤起我们的憧憬。警句，以精深的哲理启迪我们的智慧。我们要把学习到的警句镌刻在心中。

学生朗读《己亥杂诗》（其五）。

活动二：朗读，品析诗中难句

（1）朗读课文：读出本诗的起伏抑扬，读出本诗语句的缓急，用朗读来表达作者的情感。

（2）主问题：试说说你觉得诗中最难理解的句子的意思。

学生会说到诗中的一些句子。教师引导学生重点品析“闲来垂钓碧溪上，忽复乘舟梦日边”句：

闲来垂钓碧溪上：我想闲暇时坐在溪边垂钓。这句是用吕尚垂钓时遇周文王的故事来表达心中的希望。

忽复乘舟梦日边：忽然又梦见乘船从白日边经过。这句是用商朝伊尹的故事来表达内心的憧憬。

“垂钓”用吕尚故事，相传吕尚80岁时在渭水垂钓遇到周文王，受到重用。“梦日”用的伊尹故事。据说他在受商汤王任用前，梦里乘舟经过太阳之旁。最后用的是南朝名将宗悫的典故。李白还想像吕尚一样垂钓，像伊尹一样梦日，期望有朝一日，青冥有路，理想可图，终有“乘长风破万里浪”的美好时刻。

（3）课中微型讲座：引用典故，达意传情。

其实，我们在日常生活中经常用典。因为成语之中就满是典章故实。如：一鸣惊人、一诺千金、三顾茅庐、杞人忧天、卧薪尝胆、狐假虎威、闻鸡起舞、望洋兴叹、朝三暮四、呆若木鸡、卧薪尝胆、夜郎自大、黔驴技穷、自得其乐、望梅止渴……

用典的好处：用典可以增加形象性，提高诗的表现力；可以精炼语言，提高诗文的表现力，可以避直就曲，扩充诗文的容量，产生暗示效果；它使诗文典雅风趣，表现我们的文化传统。

《行路难》（其一），一首运用典故来抒情的诗。

在我们学习过的课文中，《酬乐天扬州初逢席上见赠》就运用了用典的手法。

酬乐天扬州初逢席上见赠

/ 刘禹锡 /

巴山楚水凄凉地，二十三年弃置身。

怀旧空吟闻笛赋，到乡翻似烂柯人。

沉舟侧畔千帆过，病树前头万木春。

今日听君歌一曲，暂凭杯酒长精神。

这是古代酬赠诗中的名篇。“怀旧空吟闻笛赋”是说自己在外23年，如今回来，许多老朋友都已去世，人事全非，恍如隔世，只能徒然地吟诵“闻笛赋”表示悼念而已，“到乡翻似烂柯人”用王质烂柯的典故，既暗示了自己贬谪时间的长久，又表现了世态的变迁，以及回归之后生疏而怅惘的心情，含义十分丰富。

学生朗读《酬乐天扬州初逢席上见赠》。

最后，请学生将《行路难》（其一）全诗的意思再理解一次：

金樽斟满清酒，一杯要十千钱，玉盘里摆满珍美的菜肴，价值万钱。面对佳肴，我放下杯子，停下筷子，不能下咽。我拔出剑来，四处看看，心中一片茫然。想渡过黄河，却被坚冰阻塞，想登上太行，却被满山的白雪阻拦。我想闲暇时坐在溪边垂钓，忽然又梦见乘船从白日边经过。行路艰难，行路艰难，岔路这么多，我如今身在何处？总会有乘风破浪的那一天，我要挂起高高的船帆渡过茫茫大海。

教师进行课堂教学小结：

用知识丰富我们的头脑，用憧憬激励我们的意志。

38.《与朱元思书》创新教学设计

映潮品读

《与朱元思书》句段品析

吴均的《与朱元思书》以书信短札的形式，描写了富阳至桐庐一百余里秀丽的山水景物。文章骈散相间，清新隽永，历历如绘，是六朝山水小品文中的佳作。

下面进行本课的句段品析。

风烟俱净，天山共色。从流飘荡，任意东西。自富阳至桐庐一百许里，奇山异水，天下独绝。

词义。风烟：指烟雾。风烟俱净：烟雾都消散尽净。从流飘荡：（乘船）随着江流飘浮荡漾。独绝：独一无二。

朗读。三句话，用朗读停顿显现出三个层次。第一句话读出陶醉之感；第二句话读出悠闲之意；第三句话读出赞叹之情，“奇山异水，天下独绝”八个字要愈读愈慢，“绝”字要读出一点儿短短的拖音。

释难。“天山共色”的“共色”二字主要写山高。高山耸入云天，不见其峰，仰视之时，只见山峰融入云中，天山相连，好像共呈一色。

译文。没有一丝儿风，烟雾也完全消失，天空和群山是同样的颜色。（我的小船）随着江流漂漂荡荡，我任由它时而偏东，时而偏西。从富阳到桐庐一百来里（的水路上），奇山异水，天下独一无二。

赏析。34 个字总叙富春江奇特秀丽的景色。“风烟俱净，天山共色”，天朗气清，山高入云，作者起笔含情，视野高远，写出了此次游历的壮丽背景。“从流飘荡，任意东西”，江流宛转，小舟漂荡，表现了作者陶醉于泛舟漂流之中的自在、自得、闲适与惬意之中。“自富阳至桐庐”点明了地点，概说了游览的全程。“奇山异水，天下独绝”，是对沿岸山光水色的总体评价，是极富抒情意味的由衷赞叹。

水皆缥碧，千丈见底。游鱼细石，直视无碍。急湍甚箭，猛浪若奔。

词义。缥碧：青白色。直视无碍：可以看到底，毫无障碍，形容江水清澈见底。甚箭：甚于箭，比箭还快。

朗读。三句话，读出两个层次。第一、二句为一层，要读得清亮；第三句为一层，“急湍甚箭，猛浪若奔”八个字要读得有力度。

释难。“猛浪若奔”中的“奔”在这儿指的是“飞奔的马”，与《三峡》“虽乘奔御风，不以疾也”句中的“奔”意思相同。

译文。水都是青白色，千丈之深的地方也能看到底，水底的游鱼和细小的石子也能看得清清楚楚。湍急的江流比箭还要快，那惊涛骇浪势若奔马。

赏析。24个字写“异水”之美：美在对奇丽江水的描写，美在画面的展现。“水皆缥碧，千丈见底。游鱼细石，直视无碍”用直接描写的方式，用夸张的手法，极力写出了江水的洁净、清澈与纯美。“急湍甚箭，猛浪若奔”则妙用比喻，写出了江水急流奔腾、浪花飞涌、势不可挡的情状。前者写“静”，后者写“动”，一静一动，对比鲜明，生动地描写出“异水”的动人之态。

夹岸高山，皆生寒树，负势竞上，互相轩邈，争高直指，千百成峰。泉水激石，泠泠作响；好鸟相鸣，嘤嘤成韵。蝉则千转不穷，猿则百叫无绝。鸢飞戾天者，望峰息心；经纶世务者，窥谷忘反。横柯上蔽，在昼犹昏；疏条交映，有时见日。

词义。寒树：使人看了有寒意的树，形容树密而绿。负势竞上：山峦凭借（高峻的）地势，争着向上。轩邈：轩，高；邈，远。这两个字在这里作动词用，意思是这些山峦仿佛都在争着往高处远处伸展。直指：笔直地向上，直插云天。指，向。泠泠作响：泠泠地发出声响。泠泠，拟声词，形容水声清越。相鸣：互相和鸣。嘤嘤成韵：鸣声嘤嘤，和谐动听。嘤嘤，鸟鸣声。韵，和谐的声音。鸢飞戾天：鸢飞到天上。这里比喻极力追求名利。戾，至。望峰息心：看到这些雄奇的山峰，就会平息他那热衷于功名利禄的心。经纶世务者：治理政务的人。经纶，筹划、治理。窥谷忘反：看到（这些幽美的）山谷，（就）流连忘返。“反”同“返”。

朗读。共五个句子，大致上读成两个层次。前四句为一个层次，最后一句为一个层次。两个层次之间应该有较大的语音停顿。前四句中又要读出两个层次。描写为一层，议论为一层。描述的内容要读得清雅，议论的内容要读得深沉。要注意读出“骈句”的味道。

释难。“横柯上蔽，在昼犹昏；疏条交映，有时见日。”此句出现在课文结尾，对这种呈现方式，历来颇多质疑。教学中有三种处理方式。第一种是“顺势”欣赏它的美感和它在文中的作用。第二种是“建议”将它删去，以使文章的层次更加规范。第三种是让学生尝试着将它“移”到课中的其他地方，以求对文章大意及层次有更加深透的了解。

译文。江流两岸的高山上，全都生长着苍翠的树，透出一派寒意。山峦各仗着自己的地势争相向上，仿佛要比一比，看谁耸得最高，伸展得最远。（山间）的泉水冲击着岩石，发出泠泠的响声；美丽的鸟儿彼此嘤嘤地叫着，十分和谐。蝉不停地叫着，猿不停地啼着。看到这些雄奇的山峰，那些极力攀高的人就平息了自己热衷于功名利禄的心；看到这些幽深的山谷，那些忙于世俗事务的人就会流连忘返。横斜的树干在上边遮蔽着天空，虽在白昼，林间仍显得昏暗；稀疏的枝条交错衬映，有时还能见到阳光。

赏析。86个字主要表现“奇山”之美：美在从远观的角度对高山寒树和山峦所进行大笔勾勒式的描写，它们“负势竞上，互相轩邈，争高直指，千百成峰”，是那样的奇峭多姿。写树之寒，写山之奇。美在从近距离感受的角度写泉水、鸟儿、鸣蝉、啼猿，表现山中之景的清新秀美，也同样是在表现山之奇。美在喧寂互衬。寒树与山峰是无声的画面，泉声、鸟鸣、蝉转、猿叫是动听的乐章。美在远近呼应。“夹岸高山”“千百成峰”是远景，是远眺，是长镜头，“横柯上蔽”“疏条交映”是近景，是近看，是特写镜头。还美在直抒胸臆，一句“鸢飞戾天者，望峰息心；经纶世务者，窥谷忘反”表现作者在这美好山水中的感悟与感受，表达作者的心声与志趣。

本文骈体文的特点在这一部分表现得特别鲜明，以偶句为主，讲究对仗和声律，朗读之中能够让人体味到特别的音韵之美。

映潮说课

教学创意：体味吟诵过程，享受欣赏过程

（1）教学内容

吟诵、欣赏《与朱元思书》。

（2）预习要求

①给生字注音，朗读课文，朗读注释。

②说说课文中描写了哪些美景。口述文中所描写的美好景色。

（3）教学内容与过程

铺垫活动

这是一篇山水小品文。作者以简练隽永的笔墨，描绘了一幅充满生机的大自然画卷。阅读时要注意作者是怎样抓住山光水色的特点模山范水的。

小品文，散文的一种，以生动活泼的文笔写景、说理、抒情。

模山范水：模、范，制作器物的模型。比喻用文字、图画描绘山水。

主体活动：吟诵

①教师讲解：

全文33个句子，四字句达28个之多。当我们放声吟诵时，能感受到动人心弦的音乐之美——文句的节奏之美，音调的抑扬之美，“旋律”的复迭之美，以及由它们所形成的舒缓平稳之美。

②教师指导下的学生活动：课文吟诵。

a. 朗读体味：读出一种陶醉感。穿插字词读音与含义的教学内容。

b. 朗读体味：读出一种起伏感。穿插课文文句翻译的教学。

c. 朗读体味：读出一种层次感。穿插学生对课文的初步评点欣赏活动，要求用类似于“山光水色，美景奇异”这样的八个字的短语表达自己对课文的阅读感受。

d. 全班朗读：读出赞叹感、陶醉感。穿插教师对课文的简洁评析：全

文意境优美，脉络清晰。第一段交代所写景物的范围，“奇山异水，天下独绝”八个字总领全文；第二段写江水之美；第三段写群山之美。水色山光，如诗如画，有序地展现在我们眼前。

铺垫活动

请学生找出课文中的美句：

山高之美：风烟俱净，天山共色。

情闲之美：从流飘荡，任意东西。

陶醉之美：自富阳至桐庐一百许里，奇山异水，天下独绝。

水清之美：水皆缥碧，千丈见底。游鱼细石，直视无碍。

浪急之美：急湍甚箭，猛浪若奔。

山峦之美：夹岸高山，皆生寒树，负势竞上，互相轩邈，争高直指，千百成峰。

山韵之美：泉水激石，泠泠作响；好鸟相鸣，嘤嘤成韵。

警策之美：鸢飞戾天者，望峰息心；经纶世务者，窥谷忘反。

主体活动：欣赏

主体活动设计：请你进行一次诗意的欣赏。

话题：说说《与朱元思书》的描述之美。

要求：

①从“画面欣赏”的角度看描叙之美。

②从“字词品味”的角度看描叙之美。

③从“手法运用”的角度看描叙之美。

④从“景情关系”的角度看描叙之美。

活动方式一：四个小话题，有两种处理方式，一种是学生自由选择，一种是分别指定到每一组。学生静思默想的时间大约为五分钟，在之后的发言之中，教师注意调控其内容顺序，即按上面①②③④的顺序组织发言过程。

活动方式二：教师先举例，即教师先进行示范，然后学生思考或者讨论。如：

“从流飘荡，任意东西”这个画面很美。美在景物是流动的，江流是

曲折的，美在表现了作者陶醉于美好大自然的闲适的随意的心情。

“从流飘荡，任意东西”这八个字用得好。它既写了旅行中的江上小舟，又写了宛转曲折自然奔流的江水，还写出了船上之人的安逸闲适，写出了一种飘逸之感。

活动方式三：欣赏活动完毕之后，学生反复背诵课文。教师要进行课中小结，再次概括而生动地表述课文之美。

以上欣赏活动的化简方案是：请学生用“奇”“异”两个字来评析欣赏课文内容。

附：教师课堂教学中可能要用到的教学用语——

游记，骈文，浑然一体，形声兼备，虚实相间，动静互见，骈散相间，散句，骈句，节奏，画面，色彩，动景，静景，实写，虚写，意境，韵味，对仗，比拟，夸张，手法，明写，暗写，听觉，视觉，触景生情，景致，景物，景色，满目风光，触景生情，相映成趣，如诗如画，峥嵘的山石，浩荡的江水，挺拔的寒树，清厉的猿叫，漾漾的碧波，娓娓的游鱼，泠泠的泉声，嘤嘤的鸟语，久久的蝉鸣……

39.《岳阳楼记》创新教学设计

映潮品读

《岳阳楼记》语言表达的“对举”之美

《岳阳楼记》语言极工。用“对举”一词来分析其语言表达的特色，是可以像线索一样牵动全文内容的。

所谓“对举”，就是相对举出、相对列出。《岳阳楼记》中，这种语言现象布满全篇。细细地揣摩，可以发现如下形式特点。

第一类：自对。即作者运用了大量类似于“句中自对”的短语，如“政通”对“人和”“唐贤”对“今人”。还有“朝晖夕阴、迁客骚人、樯倾楫摧、虎啸猿啼、去国怀乡、忧谗畏讥，春和景明、岸芷汀兰、心旷神怡”等。从语法的角度看，每个短语都由并列的两个部分构成，不仅看起来词形美观，读起来音节响亮，更为重要的是因为“自对”而显得语意密集、含义深广，一个短语有着多个短语的表现力量，表现出精致简洁、描摹生动、反复强化的美感。

第二类：对偶、对仗。文中写景抒情，运用的对偶句多达十几处，如“衔远山，吞长江”“北通巫峡，南极潇湘”“阴风怒号，浊浪排空”“日星隐曜，山岳潜形”“去国怀乡，忧谗畏讥”“沙鸥翔集，锦鳞游泳”“长烟一空，皓月千里”“浮光跃金，静影沉璧”“不以物喜，不以己悲”“居庙堂之高则忧其民，处江湖之远则忧其君”“进亦忧，退亦忧”“先天下之忧而忧，后天下之乐而乐”等。它们词工句丽，音韵铿锵，笔力雄健，文采生动。它们用于写景，既大笔勾勒景物，又准确生动地表现出景物的特征，同时绘景抒情，情景交融，融情于景。用于抒情议论，则境界高远，气势雄豪，既能在文章之中表达出自己的肺腑之言，又能将笔力渗透于文外，形成精警之语，表达出崇高的思想之美和深厚的哲理之美，乃至成为千古名言。

第三类：对称、对比。如文中的两个重要段落：

若夫淫雨霏霏，连月不开，阴风怒号，浊浪排空，日星隐曜，山岳潜形，商旅不行，樯倾楫摧，薄暮冥冥，虎啸猿啼。登斯楼也，则有去国怀乡，忧谗畏讥，满目萧然，感极而悲者矣。

至若春和景明，波澜不惊，上下天光，一碧万顷，沙鸥翔集，锦鳞游泳，岸芷汀兰，郁郁青青。而或长烟一空，皓月千里，浮光跃金，静影沉璧，渔歌互答，此乐何极！登斯楼也，则有心旷神怡，宠辱偕忘，把酒临风，其喜洋洋者矣。

这是两个写景抒情段、排比段、骈偶段，对称与对比的特点表现得格外鲜明：都是先写景，后写情，情景交融；前段极力渲染“悲”的情感，后段尽力渲染“喜”的气氛；前段写“因己而悲”，后段写“因物而喜”；前段写“浊浪排空”，后段写“波澜不惊”；前段写“日星隐曜”，后段写“皓月千里”；前段写“虎啸猿啼”，后段写“渔歌互答”等。它们不仅在整体上形成景物鲜明的一暗一明、一阴一晴和情感一悲一喜的对比，连句段的细部都可以大致形成相互的映衬。

这两段文字，描绘了两幅互相映照的图画，气韵生动，意境美妙，它们貌似一副长长的对联，既对称，又对比，含义丰富，情感如江流奔腾直下，读来动人心魄。

《岳阳楼记》大量运用“对举”的手法写词、造句，构段，是不是会因此而显得单调呢，对此，孙绍振先生作了非常优美的解析：

他是在古文的自由句式中适当用骈文句法来调节。例如在开头：他在“衔远山，吞长江”之后，并没有再继续对仗下去，而改为散文句法：“浩浩汤汤，横无际涯，朝晖夕阴，气象万千”。又如在“长烟一空，皓月千里，浮光跃金，静影沉璧”以后就没有再对下去，而是换了一种句式：“渔歌互答，此乐何极！登斯楼也，则有心旷神怡，宠辱偕忘，把酒临风，其喜洋洋者矣。”

范仲淹以对仗和不对仗的句法自由交替，显得情绪活跃，使情彩和文彩交融，显得自如潇洒。“春和景明”一段，十四个句组，只有六个句组是对仗的（沙鸥翔集，锦鳞游泳，长烟一空，皓月千里，浮光跃金，静影沉璧），其余八个句组是自由的散文句法。全部句子，都是每句四字和六字参差错落的，而在骈文中四六是有规律地交替的，而这在这里则是自由交错的，可以说把骈文在节奏上呆板和散文节奏上的自由结合了起来。

（孙绍振：《岳阳楼记中的三个“异”》）

映潮说课

教学创意：第一课时为“平实教学”，第二课时为“生动教学”

教学设想

两个课时完成此课的教学：第一课时为“平实教学”，重在落实；第二课时为“生动教学”，重在欣赏。

课文欣赏的话题集中在梁衡先生关于散文创作的“三境”理论上，即“景物之美、情感之美、哲理之美”上面。

课文的导入语选自汪曾祺先生的《湘行二记》：《岳阳楼记》通篇写得很好，而尤其为人传诵者，是“先天下之忧而忧，后天下之乐而乐”这两句名言。这两句话哺育了很多后代人，对中国知识分子的品德的形成，产生了极其深远的影响。

课文的结束语选自梁衡的《〈岳阳楼记〉是怎样写成的》：《岳阳楼记》“如珠落玉盘，风舒岫云，标新立异，墨透纸背，洋洋洒洒，震大千而醒人智，承千古而启后人。他将山水、政治、情感、理想、人格全都熔于一炉，用纯青的火候为我们铸炼了一面照史、照人的铜镜”。或者“范仲淹为我们写了一篇千古第一美文，留下一笔重要的艺术财富和政治财富，他也就以不朽的政治家、思想家和文学家载入史册”。

预习要求

自读课文，自读课文注释；想一想每一段在课文中的作用。

◎ 第一课时

主要教学目标：读懂课文内容。

活动一

(1) 展示课文与作家作品有关的背景材料。

(2) 学生听读课文一遍，学生跟读课文一遍。

(3) 注意下列加点字的读音：

滕（téng）子京　　谪（zhé）守　　日星隐曜（yào）

薄（bó）暮冥冥（míng）　　忧谗（chán）畏讥　　岸芷汀（tīng）兰

宠（chǒng）辱偕（xié）忘

(4) 落实有关字词。如通假字，一词多义，古今词义对比等。

(5) 学生自读课文注释。

活动二

学生多遍自由朗读课文，要求读得准确，读得顺畅。

活动三

课文译读，解决以下难句难段内容的理解问题：

然则北通巫峡，南极潇湘，迁客骚人，多会于此，览物之情，得无异乎？

然而北面通向巫峡，南面直到潇湘，被贬的政客和诗人，大多在这里聚会，看了自然景物而触发的感情，大概会有不同吧？

登斯楼也，则有去国怀乡，忧谗畏讥，满目萧然，感极而悲者矣。

（这时）登上这座楼，就会产生被贬离京、怀念家乡，担心诽谤、害怕讥讽的情怀，（会觉得）满眼萧条景象，感慨到极点而悲伤了呀。

登斯楼也，则有心旷神怡，宠辱偕忘，把酒临风，其喜洋洋者矣。

（这时）登上这座楼，就会感到胸怀开阔，精神爽快，光荣和屈辱都被遗忘了，端着酒杯，吹着微风，那是喜洋洋的欢乐呀。

嗟夫！予尝求古仁人之心，或异二者之为，何哉？不以物喜，不以己悲，居庙堂之高则忧其民，处江湖之远则忧其君。是进亦忧，退亦忧。然则何时而乐耶？其必曰“先天下之忧而忧，后天下之乐而乐”乎！噫！微斯人，吾谁与归？

唉！我曾经探求过古代品德高尚的人们的心思，或许不同于（以上）这两种表现，为什么呢？（是由于）不因为外界环境的好坏或喜或忧，也不因为自己心情的好坏或乐或悲。处在高高的庙堂上（在朝），则为平民百姓忧虑，处在荒远的江湖中（在野），则替君主担忧。这样（他们）进朝为官也忧虑，退居江湖为民也忧虑。那什么时候才快乐呢？他一定会说“比天下人忧虑在前，比天下人享乐在后”吧！啊！如果没有这样的人，我和谁志同道合呢？

活动四

第三、四段课中智能练习：

(1)“其”字用法不同的一项是（　　）

a. 其喜洋洋者矣　　b. 增其旧制

c. 居庙堂之高则忧其民　　d. 刻唐贤今人诗赋于其上

(2)“则”字意义不同的一项是（　　）

a. 则有去国还乡……　　b. 则有心旷神怡……

c. 然则北通巫峡　　d. 处江湖之远则忧其君

(3) 解释有误的一项是（　　）

a. 若夫：像那，若是　　b. 得无：没有

c. 至若：至于，又如　　d. 何极：哪有穷尽

(4) 理解有误的一项是（　　）

a.“霏霏”“冥冥”“郁郁”“洋洋”的意思分别是：昏暗的样子、雨或雪繁密、形容香气很浓、意气风发的样子。

b.“去国怀乡，忧谗畏讥”的意思是：离开国都，怀念家乡，担心人家说坏话，惧怕人家讥讽。

c.“心旷神怡，宠辱偕忘”的意思是：心情舒畅，精神愉快，光荣和耻辱一起忘了。

d. 文中描写“洞庭月夜图”的句子是“长烟一空，皓月千里，浮光跃

金，静影沉璧，渔歌互答”。

（答案：① a；② c；③ b；④ a）

◎ 第二课时

主要教学目标：课文美点欣赏。

活动一

美读课文：

听读名家朗读录音，学生学读。

学生朗读课文，教师用优美的对偶句点评各段在课文中的作用。

指导学生读出第三、四段的层次，读出第三、四段的情感对比。

师生演读，读出第五段的深沉激昂。

背读课文。

活动二

美赏课文：欣赏课文，发现并赏析课文之美。

话题：课文三美。

学生思考，写发言稿，全班交流。

学生发言的内容可能涉及：课文的景物之美、语言之美、画面之美、情感之美、结构之美、哲理之美等，还会涉及某个字句之美、某个段落之美等，教师要与学生进行简洁生动的对话。

活动三

美讲课文：由教师进行美赏课文的小结，用大约 8 分钟的时间，比较细腻深入地讲析课文之美。

主要内容是课文的三美，即散文美的三个层次：描写美，意境美，哲理美。

《岳阳楼记》就是这样：

描写美	形象	直觉	暂时	景的陶醉
意境美	心象	情感	持久	情的激动

哲理美　　抽象　　思想　　永久　　理的光芒

《岳阳楼记》是一篇三个层次都美的好文章。大量的绘声绘景是描写美，由景及情写“满目萧然”、写“宠辱偕忘”，这是意境美，最后情与景的积蓄一起迸发出来，点破一条哲理“先天下之忧而忧，后天下之乐而乐”，这是千古至理名言，一读之后永远不忘。

40.《邹忌讽齐王纳谏》创新教学设计

映潮品读

繁简虚实　各显其妙

《邹忌讽齐王纳谏》只有 344 个字，却生动地叙写了一个完整的故事，或者说记叙了一件受人称道的大事。文章的总体构思是“事不过三”，“三”形成了全文振动的频率，文中大事小事的出现与发展，基本上表现出一种层进式的反复。于是就出现了文中故事的一波三折，就出现了文章内容的铺排与渲染，出现了语句的顺畅与圆润。全篇文章有一点戏剧性，有一点童话味。但在这“三”的旋律之下，作者用笔却是错综变化，让人称道。可以说，这篇文章用笔高超，剪裁讲究，繁简虚实，各显其妙。

第一部分 165 个字，写了邹忌为期“三”天的活动。这是全文用笔最为繁复之处。文章尺水兴波，妙趣横生，虽然说不上泼墨如水，却也是尽力渲染，共写了两次窥镜，三次问答，一次反思，还有两次关于徐公的“穿插”。

这一部分繁中有简，主要写“三问三答”，细节生动丰富。且不说三人问答语气语调的微妙变化，且不说“与坐谈”显示出场合的正规与发问的慎重，且不说“孰视”时的认真态度，仅两次“窥镜”就有丰富的意味，生动地表现了人物自得与自愧的神情意态与心理变化。

这一部分实中有虚。一句“城北徐公，齐国之美丽者也”，是在文中关键之处插入的一次虚笔，即使是“明日徐公来”，文中也没有一个字正面写到徐公是如何更加地“形貌昳丽”；作者仍然虚写，用“自以为不如；窥镜而自视，又弗如远甚”来烘托徐公的美丽，这是非常精妙的“一笔两写”的笔法。

如果我们细细品味，还可以发现这一段不仅仅是繁中有简、实中有虚，还有一处虚到极致的“空白”——在邹忌反思到“吾妻之美我者，私我也；妾之美我者，畏我也；客之美我者，欲有求于我也”之后，他是怎样再“思”给齐王进谏的——却连一个字的描述也没有，这真是很妙的剪裁，能够让我们神思飞扬。

第二部分 85 个字，写的是邹忌讽谏齐王。这一段是简笔，作者惜墨如金，进谏的准备工作与人物的心理活动等完全不提，只用“于是入朝见威王”七个字一笔带过。但这一段简中有繁，设喻生动，繁在那脍炙人口的“三比”。“三比”中进行了两次推论，第一次由家事而推论到王之周围的人与事，第二次推论则着力点出关键：“由此观之，王之蔽甚矣。”这里类比深刻，说理充分，由小及大，由点及面，一语既出，发人深思。

第三部分 94 个字，这一部分写的是齐王纳谏与纳谏之后的措施与效果。作者在这里简繁并用。“善”是此部分的最简之笔，出自一位君王之口的“善”字，不仅是对进谏的首肯与激赏，不仅鲜明地表明了齐王的态度，集中地表现了“讽”的效果，而且淋漓尽致地表现了齐王作为一位君王的矜持与尊贵。这一“善”字可谓用得恰到好处。而用来诠释“善”字的，就是那畅快淋漓、颇有气势的排比句——“三赏”，它们让人感受到齐王纳谏的决心与非凡措施，表现了齐王善于纳谏、广开言路的贤君形象。至于文中对纳谏效果的描画，则是实中出虚，由一句“燕、赵、韩、魏闻之，皆朝于齐”从侧面进行表现，国家的强盛、国力的强大不言自明。“此所谓战胜于朝廷”更是画龙点睛，深刻简练，发人深思。

映潮说课

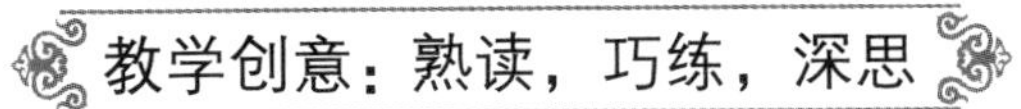

教学创意：熟读，巧练，深思

预习要求

（1）读标题，读课文，读注释。

（2）读课文，讲述课文中的故事。

时间安排

在有预习的前提下，安排一节课完成本课的教学任务。

教学铺垫（3 分钟左右）

（1）一句话引入：请学生用最简洁的语言阐释课文标题的意思。

邹忌讽齐王，齐王纳谏。

（2）请学生说说《战国策》的“策”字的意思。

（3）课中人物简介。

教学板块一：熟读（10 分钟左右）

①请学生朗读课文，教师指导读准字音，提示学生注意下面加点的字的读音。

八尺有余　　昳丽　　朝服衣冠　　谤讥　　间进　　期年

②学生朗读课文，然后阅读课文注释。

③请学生像讲故事一样地朗读课文，读出其故事味儿。

④朗读课文第一段，体味人物语气，读好人物语言。

⑤自由诵读。

⑥小议《邹忌讽齐王纳谏》是一篇什么样的课文。

教师概述：

这是一篇语言生动形象的课文，是一篇故事情节富有戏剧性的课文，是一篇人物形象鲜明的课文，是一篇工于对话的课文，是一篇巧于设喻的课文，是一篇精于对比的课文，是一篇着力于铺垫的课文，是一篇小中见大的课文，是一篇笔法简洁的课文，是一篇剪裁巧妙的课文，是一篇让我们感受到提建议有时需要讲究说话策略的课文，是一篇让我们感受什么是“以喻为论”的课文，是一篇可以用“以读带译”的方法进行学习的课文，是一篇写邹忌讽喻齐王去蔽纳谏，从而使齐国强盛、威震广大诸侯的课文，是一篇可以当作历史小说来阅读的课文……

教学板块二：巧练（18 分钟左右）

①练比较式辨析能力，通过这种练习帮学生解决词语教学中的难点。

比较式辨析是一种辨析的方法，一种组合的方法，一种发现的方法，一种深化理解的方法。现请学生用比较的方式，对词意进行辨析。例：

而：邹忌修八尺有余，而形貌昳丽　（且）

忌不自信，而复问其妾　（相当于“于是”）

学生活动，课堂交流：

有	邹忌修八尺有余	（同“又”，表示整数之后又加零数）
	莫不有求于王	（有）
朝	朝服衣冠	（早晨）
	于是入朝见威王	（朝廷）
	谤讥于市朝	（“市朝”指公共场合）
	朝于齐	（朝见）
孰	吾与徐公孰美	（谁）
	孰视之	（同“熟”，仔细）
美	吾妻之美我者	（认为……美）
	臣诚知不如徐公美	（漂亮）
甚	君美甚	（表示程度深，相当于“很”“非常”）
	王之蔽甚矣	（厉害，严重）
闻	闻寡人之耳者	（这里是“使……听到”的意思）
	燕、赵、韩、魏闻之	（听说）
于	欲有求于我也	（对）
	皆以美于徐公	（比）
	皆朝于齐	（到）
	此所谓战胜于朝廷	（在）

在此基础上请学生翻译若干个短语与句子，以加强理解与落实。如：

朝服衣冠　忌不自信　弗如远甚　地方千里

王之蔽甚矣　时时而间进　此所谓战胜于朝廷

群臣吏民能面刺寡人之过者，受上赏；上书谏寡人者，受中赏；能谤讥于市朝，闻寡人之耳者，受下赏。

②练整体概述能力，通过这种练习让学生理解课文内容。

教师讲述齐威王“一鸣惊人”的成语故事。

请学生根据课文内容自编自讲“门庭若市”的成语故事。如：

门庭若市

邹忌长得很英俊。一天，他问妻子：“我与城北徐公相比，谁俊美？”妻子毫不犹豫地说：“你俊美！徐公怎么比得上你呢！”他又去问妾：“我与徐公相比，谁美？”妾怯生生地说：“徐公怎有你美呢！”朋友有事来求他，他又提出这个问题。朋友笑笑说：“徐公不及你美。”

有一天，徐公来拜访邹忌。他仔细打量比较，感到自己确实不如徐公美。他领悟出一个道理：“妻说我美，是偏袒我；妾说我美，是敬畏我；朋友说我美，是有求于我。”

邹忌以这件事为例子，请求齐威王多听听批评的意见。齐威王称是并立即下令：不论是谁，能批评我的过失的，一律有赏。

命令一公布，向齐威王规劝的人川流不息，出现了“门庭若市”的盛况。

成语“门庭若市”原来形容进谏的人很多，现在形容来往的人很多，家里好像集市一样热闹。例如：“自从小红当了电影明星，她的家里就门庭若市，每天人来人往，没有清静的时候。”

学生先自言自语，再全班交流。教师的评点穿插于其中，评点语要求紧扣课文内容，以强化学生对课文的理解。

教学板块三：深思（12 分钟左右）

用主问题设计的方法组织这一板块的教学——讨论一个话题，从而让学生再一次从整体的角度来深入理解课文，探究本文写作的妙处。

教师讲述本课中“有趣有味的‘三’”，将学习视点再次引入课文。然后请学生进入话题讨论：你认为课文中有哪几个关键字推动着故事情节的发展和表现着人物的特点？

学生自读课文，在字里行间揣摩品味，寻找答案。

组织学生进行课中交流。学生也许会这样说：

本文中的三“问”推动着故事情节的发展。

课文中的两次“窥镜”推动着故事情节的发展。

课文中的“私”“畏”“求”在不同的场合用了三次，贯串全文，推动着故事情节的发展。

本文中的“暮寝而思之”这几个字让故事情节有了重大的转折。

“于是入朝见威王”将故事情节引向高潮。

教师小结：

我们要注意品析课文中两个关键的字眼：一个“思”字，一个“善”字。

教师可以下面的内容作为讲析的重要参考：

一是“思”。邹忌在三问之后，从妻、妾、客得到了美于徐公的答案。可在事实面前，“孰视之，自以为不如；窥镜而自视，又弗如远甚”。此时，他一没有妒忌，要知道他对自己的容貌是相当看重的。“修八尺有余，而形貌昳丽。朝服衣冠，窥镜”。早上一起来就照镜子足以说明这个问题。二没有大怒，不因为自己比不过别人而生气，也没有因此而迁怒于人，要知道妻妾都骗了他。相反，他却是“寝而思之”，并能比较客观地总结出个中的原委：“妻私我”“妾畏我”“客有求于我”。更为难得的是，他能进而类推到治理齐国的国王身上，指出“王之蔽甚矣”。这一点正如《古文观止》编者的评价：“邹忌将已之差，徐公之美，细细评勘，正欲于此参出微理。千古臣谄君蔽，兴亡关头，从闺房小语破之，快哉！”可以说这一“思”是文章的深化，而且凸现了邹忌的智者形象。

二是“善”。齐王在听完邹忌的进言之后的神情、态度在这一“善”字上表现得淋漓尽致。你看，齐王在听了邹忌的闺房小语之后，一没有怪邹忌在朝廷上谈闺中如此不庄重之事；二没有追究邹忌与自己相提并论之罪；三不掩饰自己深受蒙蔽之事实。相反，他只说一“善”字，多么痛快，多么干脆。也正是有了这一“善”字，才有了下面的“三赏”与“三时”，才有了“战胜于朝廷”的盛况。同时也让我们看到了一个明君的高大形象。

这一“思”一“善”可以说是解读本文的关键：正是有了“思”，才会有下面的讽，这是行文的一大转折——由不值一谈的闺中小事转向了国家大事；而“善”可以说是全文的高潮，一次充满危机、进谏君王的险事至此已化为君臣思想沟通的喜事，拉开了齐国走向强盛的序幕。

（朱伟：《读〈邹忌讽齐王纳谏〉》，《语文教学通讯》2002年第20期）